他们需要被看见

——洞察青少年内心世界

李百芹 著

山东文艺出版社

图书在版编目（CIP）数据

他们需要被看见：洞察青少年内心世界 / 李百芹著.

济南：山东文艺出版社，2024. 12. -- ISBN 978-7
-5329-7285-2

Ⅰ. G444

中国国家版本馆 CIP 数据核字第 2024LA9396 号

他们需要被看见：洞察青少年内心世界

TAMEN XUYAO BEI KANJIAN : DONGCHA QINGSHAONIAN NEIXIN SHIJIE

李百芹　著

主管单位　山东出版传媒股份有限公司

出版发行　山东文艺出版社

社　　址　山东省济南市英雄山路 189 号

邮　　编　250002

网　　址　www.sdwypress.com

读者服务　0531-82098776（总编室）

　　　　　　0531-82098775（市场营销部）

电子邮箱　sdwy@sdpress.com.cn

印　　刷　肥城源盛印刷有限公司

开　　本　640 毫米 ×960 毫米　1/16

印　　张　16.5

字　　数　206 千

版　　次　2025 年 1 月第 1 版

印　　次　2025 年 1 月第 1 次印刷

书　　号　ISBN 978-7-5329-7285-2

定　　价　59.00 元

当目光抵达灵魂的某处，

生命的奇迹便由此发生。

本书同步开发青少年健康辅导心理课程，扫码免费收听。

contents **目 录**

第一章

命运真的源于一场预设？

第二章

孩子油盐不进，是因为某种忽视。

第三章

成绩腾飞？先揭去五行山上的那道符咒。

第四章

被吓大的孩子，从此轻装上阵。

第五章

挣不脱学习的困境，是因为爱得窒息。

第六章

从万念俱灰到朝气蓬勃，只差一个"看见"。

第七章

从患得患失到恍然大悟。

1

第一章

命运真的源于一场预设？

令父母无奈、老师没辙的那些中学生，他们的心灵，是一片黑暗，还是丰富多彩？那些看似或惊心动魄，或啼笑皆非的故事后面，其实都有一个通关的奇点。

① 有些恐惧，已进化为"妖"

从懂事起，几乎谁都经历过让自己恐惧的事件，反应往往各不相同，区别在于严重程度不同。

一般来说，随着时间的流逝，恐惧也便逐渐消失。但有些恐惧，历时越长，对人的折磨越大——因为创伤后积攒的能量没有得到释放，它成"妖"了，以至于破坏了人的自我疗愈能力。

这是恐惧创伤的后遗症。造成创伤的事件本身，早已烟消云散，后遗症却不断发酵，而当事者本人，可能对造成现状的原因还一片模糊，即使有人提醒他遭遇过什么，他也回忆不起来。在记忆的空白中，只有恐惧感这个"妖怪"丝丝噬啮着他的心灵。

找出创伤的起点，让灵魂正视创伤，让能量释放，被破坏的自我疗愈能力也便会修复。

可怕的"血团子"

遭遇创伤是她的不幸，
而自知受创的原因并主动求助，又是她的幸运。

她是一个非常漂亮的女生，喜欢化妆，尽管涂红指甲、打眼影的化妆手法有点儿笨拙，但并没有遮掩她的天生丽质。一双大眼睛忽闪忽闪地眨着，长长的假睫毛也上下跳跃着。如果眼神里是 17 岁孩子该有的纯真，那她一定是非常惹人喜爱的。

可是，当她走进咨询室的时候，那双大眼睛里充满了恐惧，深邃如渊，配上她复杂而扭曲的面部表情，让人感觉到那黑亮的眼睛像深不可测的两口井，藏着许多让人惊悚的秘密。

"老师，我害怕。"还没坐稳，她便没头没脑地说道，"我害怕结婚，害怕生孩子。"

这是一名高二的女生，以她的身份说这种话，如果不看她现在的样子，一定会觉得好笑。但是，以我的经验，大概猜出她经历了什么，并且她自己接着会说出来。我微笑着看着她。

"一想起来，我就浑身发抖，你看现在我就在发抖。"她双手抱在胸前，头开始往领口里缩。

"此刻，你想到了什么？"我问她。

"那个夜晚，我的同学——具体说应该是我的伙伴，她流产了。"说着，她往前挪了挪身子，趴在我俩中间的桌子上，眼睛呆呆地盯着桌面，泪水汩汩而下。

我递给她纸巾，"关于这件事你想说点什么呢？"

"我睡眠质量不好。因为宿舍里不安静，我就和两个同学在外面租房子住。确切地说，是我和我的同学，还有同学的初中同学，我们三个人一起租的房子。同学的初中同学在我们学校附近的职业高中读书，她晚上经常回来得很晚，我们也没在意。她很开朗，也很善良，我们玩得很好。

"年前冬天，那天是周四，下了晚自习，我和我同学一起回去，远远地看到房子的灯亮着，知道她早回来了。我同学走在前面，还没进门就大喊她的名字，可是一开门，同学突然站住了，我往里一看，她蜷缩在床边的地上，双手抱着肚子，头发披散着，不停地呻吟。看她痛苦的样子，同学说赶紧打120。她低着头，弓着背，努力伸出手来摆手阻止。同学说这样不行，会有危险的，可她使出浑身力气抱住同学不让叫救护车。

"我们问她哪里不舒服，她只说肚子疼。我一下回过神儿来，赶紧去帮她倒红糖水。

"过了一会儿，疼痛似乎稍稍缓解了点，她说她自己吃了药，要'流产'了。

"我根本不知道'流产'是什么，只看到她疼痛的样子，撕心裂肺的，我很害怕，感觉她很快就要死了。我的眼前甚至出现她死后脸色苍白的样子，这不就是披头散发的女鬼吗？我吓得浑身哆嗦，只会一遍遍问自己：怎么办？怎么办？

"我的同学好像很冷静，一会儿拿来一个盆，好像她要小便。忽然只听到她惨叫了一声，盆里全是血水，有个模糊的'血团子'……我吓得闭上眼睛，当时我唯一的念头就是：完了完了，她死了。

"模糊中，听到我同学说'好了，没事了'，我睁开眼睛看了看，那一刻，我几乎要晕过去了，但我知道她没有死，就是这个'血团子'让她疼得死去活来。

"她不让我们告诉任何人，我也不敢对任何人说。

"从那以后，流产是什么，她为什么会流产……好多疑问经常出现在我的头脑里，可是我不敢说也不敢问，总觉得这是一件让人惊悚又难以启齿的事。

"从此以后，我上课经常走神儿了。那一幕，常常出现在我的眼前，我很害怕，我努力让自己不去想，可是，那可怕的场景和她撕心裂肺的样子却在我脑海里挥之不去。有时候我害怕得发冷，有时候更是恶心得想吐。这件事在我心中不断膨胀、发酵，我感觉再也掩藏不住了，自己好像要爆炸了。

"我非常害怕黑夜，害怕再回到那个房子。虽然我已经不在那里住了，可一想起来就浑身发抖。除此之外，我还非常害怕安静，而且最害怕没有声响的自习课。我感觉这种恐惧紧紧缠绕着我，躲不开，逃不掉。我觉得自己快要疯了。

"我发誓我不会结婚生孩子了。"

她不停地咬着嘴唇，双手搓来搓去，有时还浑身哆嗦。

奇点透视

洞见不幸的原点

这个咨询大概进行了三个多月，效果很好，消除了她的恐惧和孤独，她变得开朗和乐观。后来她大学毕业了，还带着她的男朋友来看我。

这就是变化。

她是幸运的，懂得求助，懂得借助专业知识的帮助走出来，消除了心理障碍，疗愈了心理创伤，回到她自己幸福生活的轨道上。可是，并不是每个孩子都如此聪明幸运，有多少像她一样无幸的受害者，一直在不懂求助和不被关注中默默承受着巨大的心理创伤？

一个女孩在对性、男女关系和流产一无所知的情况下，突然遭遇这样一件事，面对突如其来的惊恐和无助造成的心理创伤，还要带着这种创伤生活在恐惧中，是很残酷的。

她的恐惧是孤独的，因为她不能告诉任何人，包括她的父母。在她简单的认知里，这件事情不仅令人惊恐而且极其不道德，这种不道德已经不是朋友一个人的了，她会有强烈的共情，更重要的是必须要替朋友保密，所以她不能也不敢告诉别人，只能一个人默默承受并努力往心底埋藏。

可是如此巨大的创伤，怎么能轻易埋藏得了？越想忘掉，就越容易想起，随着画面不断地重复出现，恐惧会不断放大，不断泛化。于是，她不敢面对黑夜，不敢面对安静的自习课堂，直到不敢待在没人的地方，不敢一个人做任何事……恐惧发展到一定程度，便在她身体上表现出症状：手脚发凉，哆嗦出汗。后来，即便不想这件事，但稍有紧张便哆嗦出汗，这种恐惧感已渐渐渗透进生活中，随时随地伺时爆发，严重影响其学习和生活。

不仅如此，朋友的痛苦也让她不断咀嚼，她会联想到自己，为了避免经受那种痛苦，她会再三告诫自己：不要结婚，不要生孩子。

当这深深藏在心底的恐惧、孤独不断翻来覆去的时候，她的心理状况和行为，就很可能是奇怪的，甚至是变态的。不知就里的人们很难理解，会把这些当作疾病，认为她是生病了。随着时间流逝，人们看到的就只剩下表面行为，就连她自己也会忘掉创伤事件，从而接受自己的不正常。比如，将来她可能很难成婚，也可能在没有任何生理疾病的情况下拒绝生孩子，到时，所有人都会帮助她分析原因，恐怕没有人甚至连她自己都不知道一切都可能源于这一心理创伤的原点。

许多人都知道自然和非自然的流产都会给女人带来很大的伤害，包括身体上的和心理上的，可是，很少有人关注到，被动旁观的女孩也可能会受到巨大伤害。这种伤害躲在暗处，悄悄地发生，看不见摸不着，无形无相，带来的影响却无比巨大！

正是因为这种伤害"不可说，不敢说"，所以它能够藏在受害者的身体里疯狂膨胀，并渐渐掩饰其真面目，泛化成莫名的恐惧，像深藏在心底的妖孽，严重影响着身心健康。

有多少人内心深埋着这样的"妖孽"而不自知？

这又让我想到了那个高三女孩，因为高考紧张莫名恐惧来咨询，在她非常态紧张和恐惧的背后，挖出一个巨大的创伤——在她五年级的时候被同学的爸爸多次诱奸！这件事，因为同学爸爸的威胁恐吓，一直被她深深藏在心底，但藏住的是事情，藏不住的是情绪，多少年过去了，伤害仍然在侵蚀着她的心灵。

无辜的伤害时有发生，对于前面咨询的女孩来说，17岁了，竟然没有一点儿性的知识！伤害产生于无知造成的惊恐，又加深于道德枷锁下的保密。

有数据显示，经历过霸凌等伤害事件的中小学生几乎占到四分之一，而这些孩子中，父母觉察或者怀疑发现的仅占三分之一，大多数孩子会将这种伤害藏在心底。

如不能发现孩子受到伤害，并且孩子不敢说，以至于影响孩子的一生，作为父母，是不可饶恕的失职。

作为父母，细心呵护孩子，与孩子保持良好的亲子关系，就一定会及时发现并化解孩子的伤痛，而不会让那不可告人的秘密深埋进孩子内心，幻化成妖，严重折磨孩子的身心。

② 当心赏识变成"捧杀"

在当下的教育理念中，老师、父母对孩子的高度信任、赏识和激励，是确保孩子成功成才的重要前提，同时，孩子的高度自信、自我赏识和自我激励，也是其走向成功成才的必要条件。

但，逻辑常识告诉我们：必要条件不等于充分条件，更不等于充分必要条件！

一味的信任、赏识和正向激励，有可能会变成一种"捧杀"的利器，让孩子迷失在旅途中。

故事

窒息在妈妈的表扬里

苦恼的孩子心中，都有一根被堵塞的水柱

这个小女孩进门的时候，一脸忧郁的样子，陪同的还有两个大人，一个是她的妈妈，一个是妈妈的朋友——她的阿姨。

阿姨是个热心人，进门就抢着说孩子的状况，毕竟她教过这孩子一年，比较了解。

妈妈看起来很焦虑，满脸愁容，也抢着说："这孩子从上了课改班（你可以理解为实验班中的实验班）后，整天胡思乱想，想的东西

非常离奇，尤其是在考试前，她会经常幻想一些都还没发生的事，或许根本不可能发生的事情。"

话说到这里，大家还没来得及坐下，都围在我身边，让人感觉到：进来的是一团焦虑，且这焦虑正在屋子里弥漫开来。

我笑了笑，等她们都停止了说话，说道："来，我们都先坐下吧。"

气氛稍稍缓和了一些，没有继续凝固下去。她们各自找到座位，紧张地挪动过去，直直地坐着，眼睛紧紧盯着我，似乎渴望我张口就能说出她们想要的答案。

我望向她的妈妈和阿姨，说："你们还有什么要说的吗？"

她们摇头表示没有。

"那好，让我跟孩子单独聊聊吧。"

"这个孩子就是好焦虑，考试紧张，胡思乱想。还有，她总是说我对她太好了，其实我也没对她有多好。"妈妈还是一脸焦虑，一边起身，一边又重复了刚才的话，说完，她们去了另一间办公室等待。

只剩下我和她——一个身材娇小、干净利落、白白净净的女孩。

我只是微笑着看着她，她立刻说："我妈妈刚才说得对，我就是经常胡思乱想，想一些不会发生的事情，尤其在考试前，非常担心，容易多想。还有，我妈妈对我的关心，让我很压抑，她就是太在乎我了。比如，我出去没回来，她就一直不停地打电话，让我很难受。从小她对我的教育方式，就是总在告诉我'你是最棒的''你最厉害'，这造成了我性格上很要强，哪个方面都想做好。但是自从来到课改班，我发现我怎么努力也考不到我想要的成绩。从开始第 18 名，到后来第 43 名，现在直接退出了课改班，来到普通实验班。我感觉快要窒息了。"说到这里，她抬头看看我。我说："你可以接着说，还有其他的困扰吗？"

"还有，我经常胡思乱想，想一些没有发生的事情，或者根本不可能发生的事情。比如，我妈妈经常教育我，女孩要洁身自好，告诉我如果偷吃禁果，万一怀孕，可能会去流产。流产有多么可怕，对身体会造成多么大的伤害……"她打了个冷战，接着说，"太可怕了，但是我不知道怎么就会怀孕了呢？我就很担心，万一我怀孕了怎么办，流产那么疼，我还不如死了算了。我的生理期很不正常，我越紧张它就越不正常，它越不正常我就担心我真的怀孕了！太可怕了。还有，考试前，我就担心万一考试的时候来月经怎么办，万一我头疼怎么办……各种担心各种焦虑。"

她皱着眉头，想一会儿说一会儿，看起来她大概经常被不切实际的想法这样纠缠着、折磨着。她眉头越皱越紧，似乎要把整个人拧巴起来。

"你允许自己不够好吗？"我问了一句。

"不允许！我应该是最好的，关键是，我觉得我也能做得最好。"她立刻回答，斩钉截铁。

看她着急的样子，我笑了，问："现实中呢？现实中你做得够好吗？"

"不够好，自从进了课改班，我再怎么努力也跟不上人家，我非常恨自己。"她坐直的身子蔫了下去，无力地说着，"现在，我经常感觉很累、很累。"

"你愿意承认这个现实吗？"我接着问。

"不愿意。其实，我能做得很好，也应该能做得最好。"她又一次挺直了身子。

"也就是说，你觉得自己应该能做得最好，但实际上呢，你没有那么好，而你又非常不想承认这个现实，对吗？"我重复了一下她的话。

"嗯。"她抬头看着我，连连点头。

"那么在现在的这个班里，你对你的成绩有什么期待呢？"

"前五名吧。我提前学了一年，而他们才刚开始学习，最多也就是在假期上了个补习班，我应该是最好的。如果考不到前五名，我就不能原谅自己，因为他们都没有像我这样学得这么多。"

"你刚才的意思是，你达不到自己的要求就不会原谅自己，你对自己的要求就是超过他们，是这样吗？"我总结她的意思。

"是的，我忍受不了他们超过我。平时一看到他们认真学习，我就会紧张压抑，我一定得比他们好才行，我觉得我也能做得最好。"她说。

"你对自己的满意就是'比别人好，别人不能超过你'，是这样吗？"我问。

"是的，我不能比别人差。"她说。

"你的价值是建立在别人之上的。"我直接这样给出结论。

"什么意思，老师？"她疑惑地看着我。

"你的得失成败都以别人为参照，而不是你自己的实际情况，比如你要求自己考前五名，目的是超过后面的同学，而不是要求自己达到前五名的实力。"

"是的，老师。我特别在意别人，在意别人是不是超过我，在意别人怎么看我。"她很苦恼地说，"正因为如此，我经常胡思乱想，想的事情都是没有发生并且有的根本不可能发生。比如，要考试了，我担心我会头疼，又担心忘记带笔，又担心试卷比别的同学少了一面，甚至有时候担心自己突然生病了，被急救车送往医院，然后就是自己在医院住院的情况……我知道这些是我多想的，但是我没办法控制自己，怎么办呢？"

"听起来，你所有的胡思乱想都是在担心，一是担心自己做不好，比如考得不好，再就是担心别人超过自己，是这样吗？"我问。

"嗯，是的。我就是担心考不好，担心别人都比我好，然后就顺着这个思绪开始无休止地想下去……"她点头。

"你允许自己偶尔考试不如别人吗？"我问。

"不允许！我绝对不能让别人超过我。如果我允许自己考不好，那不就是为自己的失败找借口吗？"她很肯定地说。

我在纸上画了一个"周哈里窗"，告诉她四个维度的"我"，即"公众我""盲目我""隐私我""未知我"，并指给她看，让她选她自己在哪个维度更多，她说在"隐私我"更多。"隐私我"就是"自己知道，别人不知道"。我问她在这个位置什么感觉，她说累。

"我现在就经常感到非常累，累得不想起床，不想上学，不想干任何事情。"她很无奈地说。

"好了，现在我们来总结一下你刚才说的话。你说妈妈对你的教育方式是经常表扬你'你是最棒的'，从而让你非常要强，你觉得你应该哪个方面都必须做得最好，但是现实并不是这样，尤其是自从你去了课改班，面对的都是选拔出来的优秀学生，你的成绩一再下滑，你不承认这个现实，不允许别人比自己好，更不允许自己做得不好，所以，你经常处在担心中，便胡思乱想，你所有的胡思乱想都是围绕一个词——担心，是这样吗？"我把她的回答从头到尾理下来，她默默点头表示同意。

"现在，从我刚才的叙述中，你能看清你的痛苦来自哪里了吧！"我说道。

"我不愿意承认自己不好的现实，总希望自己能到达想象中的样子，但在现实中又做不到，这个差距让我感到痛苦。"她小声说着，然后仰头靠到沙发背上，望着天花板，"其实，我只是一直不敢承认自己不好，也不想承认。我觉得我应该能做得最好，我不比别人差。"

她喃喃地说着，眼泪顺着脸颊哗哗地流下来。

"你觉得自己哪个方面都能做得最好，那这不就是完人了。世界上有这样的人吗？"我问她。

"没有。"她弱弱地说着，两眼仍瞪着天花板，任眼泪汪汪。

"你只是一个普通人，你不是一个完人，你不可能哪个方面都做得最好。这样说对吗？"我问。

"对，我不是完人，我不可能什么都比别人强，我也可以犯错，我也可以发挥失误，考不好。"她头枕着沙发背，像是在回答我，也是在自言自语，接着又陷入沉思。

我静静地陪她沉默了一会儿。

她腾地一下坐端正了，说："老师，我明白了，我总是不肯放过自己，对自己要求太高；又紧盯着别人，害怕别人超过自己，其实就是不允许自己做得不好。这个问题我想明白了。但是我总是胡思乱想该怎么办呢？"

"现在，你愿意承认自己不是完人，允许自己做得不够好了吗？"我问。

"我觉得很难，我实在不愿意承认我不够好，也不允许自己做得不好。"她的眼泪再一次流出来，"我怎么能不如别人好呢？"她哭了起来。

"我能理解你，那么多年你一直在这种思维里，突然改变，不太适应，这很正常。但是，承认自己、允许自己是做好自己的基础。你试着慢慢练习吧，当你从内心承认自己了，那些担心自然就消失了，因为它们存在的前提是你对自己的不满意、不承认，又唯恐被发现。"我尽量轻轻地说，让她慢慢地感受。

沉默了好一些时候，她抬起头来看着我，说："我懂了。"从她的眼神里，我看出她应该是有所悟了。

我冲她笑了笑，说："现在感觉怎么样？"

她指着自己的胸口说："在这里，似乎一直有一根水柱，里面的水堵住了，现在哗啦哗啦流下去了。"

她的这种感觉是我每次做完辅导后许多人的感觉，就是轻松舒畅了，但是她描述得非常形象。

"我先回去试试，可我担心某一天又会胡思乱想。那该怎么办？"她问。

"先做这些试试吧。一直等到哪天再堵住了，你就再来，我们再往下一步走，好吗？"我冲她笑笑。

"好的。感觉怎么这么奇怪啊？我竟然不堵了，无比轻松舒畅！太神奇了！老师你太厉害了，咱们抱抱吧。"她笑了，站起来伸开了双臂。

一个拥抱传递着信任和温暖，她的世界从此少了很多困惑和苦恼。

奇点透视

放过自己，才能超越他人

心灵黑洞的奇点，很可能就在并不幽深的地方，一旦在循循善诱中找到它，求助者自然会豁然开朗。

我们可能不知道，苦恼的孩子心中，都有一根被堵塞的水柱！

她的痛苦来自不敢承认自己，也不允许自己做得不够好。

因为从小被妈妈表扬为"你是最棒的""你是最好的"，这些暗示就像咒语一样，让她觉得自己就是"最棒的，最好的"，从而不允许自己做得不够好。但是，走过小学、初中，到了高中课改班，班里强手如林，她的成绩很可能不是最好的，可是她仍然坚持着心中的咒语。

想象和现实间巨大的差距，让她十分痛苦。她不断努力却不能如意。每每碰壁之后，面对惨不忍睹的现实，她仍然不愿意承认自己不够好，从而极力掩饰着。每到考试前，内心唯恐暴露自己不够好，因此充满担心，便胡思乱想。随着担心的加剧，胡思乱想也越来越厉害，思想越跑越远。

让她停止胡思乱想，降低考试焦虑，第一步就是要引导她敢于承认自己，正确认识自己，接受自己现在所做的一切，接受自己暂时的不够好。

当她敢于承认自己的不完美，就不会再去竭力掩饰自己的不够好，就不会有太多担心，也就减少了胡思乱想。

坚持一段时间之后，当真正地实现自我回归，学习状态、备考状态、备考能力等等，自然也就回归正常，能力和成绩就会不断提升，超越自己和他人都会成为水到渠成的事情。

父母一味不切实际的夸奖，是加在孩子头上个合大小的帽子，如果处理不得当，孩子就要用一生的努力去适应它、维护它。这才是最可怕的。

③ 脆弱的孩子和长不大的父母

> 明是非、走正路、会生存，是做人的根基，也是教养下一代的核心。这三条，涵盖了人生的大哲理。
>
> 父母的职权，也有有效期。教孩子明是非、走正路、会生存，是父母的天职。在孩子可塑性强的时候，父母如果没有行使好这个职权，其后果可想而知。当孩子已形成了错误的"三观"，父母还是那对父母，但权力已经过期了。

"散养"在幸福的幻觉里

当上学已无关孩子的前途，父母的面子便不再重要

他，一米八五的个头，瘦高个儿，皮肤白嫩，头发烫了个大波浪卷，一直咧着嘴嘻嘻地笑，一副满不在乎的样子。

我问他，有什么需要帮助的吗？他说，是妈妈要他来的，因为他在学校待不住，过来看看心理老师能不能帮助他，能在学校里坐得住。

我问他在教室里坐不住的具体情况，他先陈述了他的上学经历：

因为爸爸妈妈比较忙，他从小基本是一个人在家。妈妈在医院当护士，爸爸是一家大型企业的销售部经理，两个月才回家一趟，即便在家待 10 多天，但基本上都会去总公司开会。所以，从一年级开始，妈妈就把家里的钥匙挂在他的脖子上，让他放学自己回家。

上小学的时候，他一回家就匆匆忙忙写作业，写完后立刻打开电视和电脑，边看电视边玩电脑。每逢周末，他经常会带小伙伴回家一起写作业，但更多的是一起玩游戏。因为家里没大人管，又有丰富的零食和足够多的零花钱，小伙伴们也乐意去他家里。他说自己的小学时光过得很快乐，学习成绩不好也不差，一直飘荡在中游。

上了初中以后，妈妈觉得功课多了，但又顾不上管他，怕落下学习，于是让他住校。但住了没几天，他受不了学校的约束，吵着要回家住，妈妈不答应。为这事他和爸爸妈妈闹了好几次，理由是学校食堂的饭菜不好吃，宿舍条件很差，还有的同学睡觉打呼噜，自己吃不好也睡不好。但是爸爸妈妈坚持不让他回家住，只是给他更多的零花钱，让他多买点零食，每到周三，妈妈去看他一次。

即使如此，他仍然不想住在学校里，用他的话说，学校的纪律实在太严了。但无论如何，父母就是不同意。明的不行就来暗的，他便开始逃学。不幸的是，三次逃课都被抓住了，学校勒令其退学，没办法，爸爸只好把他带到自己工作的城市去上学。

他转学了，没想到新学校条件更差、管理更严。平时他的习惯是每天都要洗头、洗澡，每天要喝鲜牛奶，吃新鲜水果，但以新学校的条件是不能满足的。他觉得很崩溃，两周放假后，他死活不去学校了。爸爸非常生气，狠狠地揍了他一顿，硬拖着他去了学校。在这所学校里，他偷偷跑过两次，每次被抓回来，爸爸都会拳打脚踢，他这才不敢逃学了。

后来，他只是坐在教室里，并不学习，每天无所事事，也坚持了一年。到了九年级，刚开学一个月，又因为打群架被学校勒令退学。

没办法，爸爸又托人找关系，把他转回原来的学校重新上九年级。回来之后，因为父母妥协而不住校，一年也就相安无事，但是功课已经落下太多，最后没考上高中。

爸爸又找关系以缴费生的身份把他送进高中。在他的学校，上高中是必须要住校的，而且高中的宿舍条件也不好——用他的话说，因为不能每天洗澡洗头，上了一个月他就回家了。这次，爸爸妈妈没再管他，只是不再给他零花钱，并告诉他，只要不上学就自己挣钱养活自己。无奈之下他去打工，可又苦又累，实在受不了，干了一个月就不干了，然后跟几个不上学的小伙伴去南方玩了半个月，直到没钱了才回来；不久又去上海，在一个做生意的亲戚那里，一边帮忙一边在那里玩了一个月，最后实在待不下去才回家。一年的时间，不知不觉就这样过去了。

说这些的时候，他一直笑着，好像是在说别人的事情。

他接着说，现在自己在读高二，高一基本没上课，直接读了高二，因为不愿意再留级，自己已经比同班同学大两岁了。但现在的问题是，在学校就是待不下去。

我问他在教室待不下去的原因，他说就是"很想回家，常想起去年在外面玩的事，一点儿也不想学习"。

我说："你的意思是，你并不想学习，但是你自己选择要回到学校。"

他说："是的，因为只有回到学校才有零花钱。妈妈说只要我在教室里坐着，就给零花钱。哪怕啥都不学也不要紧。"

"你的意思是，你来上学是为了挣零花钱？"

"基本上是吧。我也去打工了，但太累了，还挣不到很多钱。只要我在学校，妈妈就给我零花钱，虽然不多，但比打工要好。还有半个月我就要过生日了，只要我按时在学校，妈妈说就给 5000 块钱作为奖励。我现在非常盼着生日快点到来。"他笑嘻嘻地说。

"你盼望生日快点来的意思是？"我问。

"先拿到那些钱再说。反正我在这里待不下去，我每天都要洗头，这是我的习惯。学校宿舍洗漱间没有热水，我用凉水洗头对身体不好。如果让我在这里继续上学，那就必须出去租房子住，如果不租房子，我就没法待下去。"

"租房子和不租房子的区别是什么？"

"区别大了！宿舍管理员管得太严，那不是人待的地方。租一套房子的话，我就可以每天洗头、洗澡，还可以玩手机，不想上课的时候还可以睡个懒觉。"他笑着说。

"谢谢你很真实地说出你的想法，但是我想知道，你来咨询是不是也是为了完成妈妈的安排，好向妈妈交代？"我说。

"应该是吧，你看出来了？再就是，来这里就不用上课了，不用在教室里坐着。"他仍然笑嘻嘻地说。

"那你已经完成任务了。心理老师能帮到的是主动求助者，既然你没有要求，那就请回吧，但是我希望你考虑这样两个问题：你对自己现在的状态满意吗？你以后想要成为一个什么样的人？考虑的过程中，如果有需要帮助的，你可以再来找我。"

他离开了，仍然带着笑容，但我却笑不出来，一丝从未有过的悲哀袭上心头。

当一个人价值观出现问题的时候，就相当于内心衡量世界的尺子出了差错。通常一尺是 10 寸，他的尺子只有 6 寸。

奇点透视

发现规矩之秘

方圆就是世界。无规矩，则无方圆。

他已经是 18 岁的成年人，动辄拿不上学要挟父母，把自己的前途当作为父母做事，而家长不但不反思家庭教育到底出现了什么问题，居然仍用金钱当作一种交换条件，这本身就是错误的。到底是为什么？他们的经历值得深思。

1. 孩子为什么不愿意上学

这个孩子小时候的成长历程处于散养状态，父母因为工作忙而对孩子采取"放养"，把零钱和食物准备充足了，随便他自己在家，或者喊来小伙伴，没人监督，没有约束。在该建立规矩的年龄，他却活在高度松散中，在丰富的物质世界里享受着"有钱能使鬼推磨"的极大自由，从而养成自由散漫、不受管束的习惯。性情就像野马一样，一旦被放纵便再也难以驯服。

当他习惯了几乎为所欲为的生活以后，学校的规矩就是他的牢笼，他哪里能受得了这种约束？各种纪律像带刺的铁丝网包围着他，被管束的痛苦时刻折磨着他。像"不能每天洗澡"这种常人看来很小的事情，对他造成的痛苦可能就是比较深的。纪律阻挡的不只是洗澡的行为，更是那颗不受约束的心。心一旦感受到痛苦，本来就缺少规则意识的他就没有是非的标准了，他已经管不了对错，分不清是非，只能先顾自己的感受，全身心都在寻找各种办法让自己好受一点，于是逃学成为首选。在他的认知里，只要逃离这个地方，就不会再如此痛苦，至于后果，他是从不考虑的。

2. 父母的认知谜团

孩子厌学到如此程度，父母非但没有分析原因，而是一味想着用"金钱诱惑"的方法让孩子上学，确切地说，是想让孩子按时坐到学校里，学不学习不重要，只要去学校，哪怕只是坐在那里发呆都行。按时去学校坐着真有那么重要吗？以至于父母用哄小孩的方式，不惜以牺牲孩子的健康成长为代价，去维持孩子还在"上学"的状态。

此情此景，上学已无关孩子的前途，而更重要的是父母的面子，还有一丝自欺欺人的幻想。

"只要在学校坐着，就给足够的零花钱，这比出去打工都好。"这是父母的教育方法给予孩子的感觉和价值判断。18 岁的孩子应该这样看待上学这件事情吗？这种思维方式下这个孩子的"三观"怎能不让人担忧？

最根本的原因是，家长也没有弄清楚教育孩子的目的是什么，是要孩子健康成长、积极向上，努力用知识武装自己？还是要所谓的按时去学校？把"上不上学"看成衡量孩子好与坏的标准，如果不上学就是孩子出了问题，而从没有觉察到这是自己的教育方式出了问题，没有反思自己的教育方法和教养方式，更没有想到让孩子明确上学到底是为了什么。他们解决问题的方式是低龄化的哄、骗，自始至终的物质满足和各种条件交换，以及气急败坏下的威胁打骂，这些方式只能是越来越强化孩子内心的错误认知，认为上学就是为了父母，是给父母挣面子，是完成父母要求的任务。即使"上学是为了你好"的道理讲得天花乱坠，孩子背得滚瓜烂熟，但是到了学校里，他感受到的却只有不自由和被约束带来的痛苦，因为在他小的时候没有人告诉他：活着还要时刻遵守一定的规矩。

每一个看起来"无解"的"问题孩子"，其意识深处都潜藏着一个难以发现的"结"，而这个"结"，就是解决问题的"关窍"，钥匙或许就在身边最重要的人手里，譬如父母、老师。当问题发生时，想要尽快解决，关键是找对钥匙。

孩子成长的每一个时期都有其该完成的任务，一旦错过时机便不可挽回，在该建立规则的年龄散养孩子，就会让孩子失去规则意识。

世界因规则而成，人是规则的产物，懂规矩，行规矩，才能身心和谐健康发展，否则将与整个社会格格不入。

4　被忽略的成长天敌

　　各种力量的纠缠，是影响孩子健康成长的最大阻碍。导致孩子走不出某种阴影的原因，是某种情感被放大后产生投影，与现实相互缠绕产生一系列负能量，使他们的精神进入幻觉、焦虑，甚至恐惧的状态，进而引发各种心理症状。

　　面对处于这种状态的孩子，老师、家长招数用尽而最后还是无可奈何，最根本的原因是找不到那个隐藏在身后的"天敌"。

故事

分手后的男孩怕咳嗽

有喜欢，就会有疼爱体贴；没有喜欢，就只剩反感了。

竹子，男，20 岁，文科班复读生。

他看上去有点内向，个头大概不足一米七，长得挺白净，脸庞削瘦，轮廓分明，有些小帅气。

我问他需要去咨询室还是在办公室聊，他说就在这儿聊聊吧。十几个人的办公室有点人，但只有我们两个人，显得很安静。

下面是他的叙述：

"我们分手后，她老在上课时咳嗽，她周围的人也都在咳嗽，感觉他们是故意的。我跟班主任说了，班主任让我把注意力别放在她身上就好了。可是，她咳嗽得太频繁了，一听到那声音，我就心烦，就没办法好好学习。"

"分手？能不能具体说说？"我插了一句。

"来复读班两个月后，我喜欢上了一名女生，我俩就好上了。那段时间，我们俩的确亲密，一起讨论问题，一起吃饭，放学一起走一段本来不同方向的路，我先送她回宿舍，再绕回男生宿舍。当时感觉很甜蜜，但时间不长，我便发现我们不合适。

"她很强势，成绩也比我好很多，和她在一起，我感觉时刻被压制着，而且非常压抑，于是我就想分开。

"我选择了用行动表示：不和她一起吃饭一起走路，故意冷淡她。她发火了，问我为什么，不论她怎么问，我都不理她，她便追着问，我还是坚决回避，可她总找机会靠近我，但不知道为什么，我开始有点儿反感。

"直到春节放假。我想经过一个长假她一定会忘记了，没想到，开学来到学校后，我感觉她依然不放弃，总在想办法靠近我。我几次写纸条给她，说我们不合适，分手吧，她从没回复过，看起来一副满不在乎的样子。我认为她应该是忘掉了以前。

"可是，她一上课就咳嗽，有时还故意站在我前面和其他女同学说话，她其实就是为了在我眼前晃悠，让我看到她。

"现在的问题是，马上要高考了，可上课她仍然经常咳嗽，现在的我是听到就心烦，可听不到就觉得好像丢了东西似的，又一直在等待。有时候，半节课还等不到她咳嗽下一声，我就心烦得无法学习。我真不知道该怎么办？前两天我又给她写了纸条，请求她别再咳嗽了，之后她咳嗽得少点了，但只维持了两天，现在又不停地咳嗽。

"我愤怒了，想用行动表达我的厌恶，但有时候又觉得挺对不起她，似乎要了人家。看着她魂不守舍、很痛苦的样子，也为了彼此不至于太影响考试，期中考试前，我主动约她聊了聊。可是，她领会错了，以为我又对她好了，又有热情了。

"其实，我们也没真正谈过恋爱，只是亲密了一段时间，便感觉不合适，就想分开，一直是这样分分合合、反反复复。

"我对她似乎没有感觉了，也丝毫不在乎了。对她的言行、她的一切毫不在乎，和她只想做一般同学，就当什么也没有发生过。"

这看上去几乎都算不上是一个爱情故事，既没有花前月下，又没有卿卿我我；既没有生死相许的惊心动魄，又没有一波三折的荡气回肠，在成人看来这不过是小孩子"过家家"。但就是这段看起来微风细浪的情感波动，在这少男少女的心里就是惊天骇浪，在生长激素分泌特别旺盛的年龄，任何风吹草动都可能燃成熊熊大火。这个来咨询的男孩因此食难咽、寝难安，内心复杂到无法排解。

奇点透视

你握紧的只是自己的影子

折磨你的无非是你自己，没有别人。

男孩儿莫名喜欢一个女孩儿，交往一段时间发现并不是自己真正喜欢的那种类型，于是果断选择分手。从形式上来看是分了，但是内心并没有放下，理智只能让人选择行为，但感受来自情感的波动，情感一旦被碰触就会必然留痕。或许是这段时间的习惯，或许是内疚和歉意，即使分开，男孩儿也下意识里时刻在关注女孩儿，因此经常听到她咳嗽声，并放大了她的咳嗽声。在他的听觉里，那段时间，整个世界都安静了，除了她咳嗽的声音，没有别的声音存在，甚至在她不咳嗽的时候，他会像丢失了什么东西一样在等待。但是理智一再让他远离女孩，不要在乎，所以女孩的咳嗽声就成了打扰他的因素。尤其在高考面前，他想全身心投入学习，多么希望一切都没有发生过，但女孩的靠近就成了对他内心想法的破坏，于是他开始反感女孩。

在人的大脑里掌管爱和恨的是一个活动区域，爱随时可以转换成恨，但不论爱还是恨，其实质都是"在乎"，说白了，就是他俩都没有真正的分开，没有真正的没有放下。

对这个男孩的心理辅导方法很明确，就是引导他从女孩身上收回自己，从内心放开这件事。"放下"是关键，当他真的放下了，不在乎她的一切了，她的任何行动包括咳嗽都不会影响到他，就像没有人会因为路人在干什么而耽误了自己的行程。

还好，对男孩的引导很成功，只用了两次课便帮助他走出了束缚，卸下了重负，他可以全心全意冲刺高考了。至于那个女孩，她的情况不得而知，只是希望她也能快点走出这种缠绕和阴霾。对她来说，一定程度上也是受害者，感情被点燃后又莫名其妙地被浇灭了。男生追求女生，女生接受了，并陷入了情感中，但男生发现女孩不是自己的"菜"，于是就想放弃，想分手，并采取行动，可是女生却无法放下这份感情。对女生来说，这也是比较残酷的，也因此一定会受到影响。

为了摆脱，为了逃跑，男孩不断地用不同的方式伤害着女孩。先是突然行动上的冷淡，让女孩感到莫名其妙，且百思不得其解。女孩主动靠近他想寻求答案，却遭到更多的冷落。接着是传纸条提出分手，单方面宣布关系的结束。

感情游戏像拔河，先放手的一方容易，后放手的一方可能遍体鳞伤。对女孩来说受伤害太大了，不但给到的东西立刻被拿走，而且连个解释都不给。但即使被伤害，她依然抱着一线希望不肯放手，可这种不放手却恰恰给男生带来反感，又更坚定了男孩分手的决心。

此时，男孩考虑的不是提出分手会对那个女孩的伤害有多深，而是女孩的反应对自己的影响，抱怨女孩的咳嗽声影响了自己的注意力。他内心的变化和作出的决定，女孩全然不知，还在甜蜜的回忆里苦苦追问为什么。男孩于是又写纸条告诫她不要咳嗽了，这样会影响他学习。女孩的忍受等来的不是安慰而是警告。女孩哪里知道，有喜欢，就会有疼爱体贴；没有了喜欢，就只剩反感了。

少男少女所谓的感情就是这么奇妙，对这个男孩来说，来得快，去得也快；对女孩来说，这段感情却是莫名其妙地来，又莫名其妙地去。她已经被爱的激情点燃，她喜欢上男孩了，所以，在她的世界里无法理解一个本来主动示爱的人现在的表现，更无法理解他此时的感受，她只知道自己喜欢他，不肯放手，一直在追逐心中的美好，哪里想到对方已经转念。人还是那个人，只不过换了心境，眼前的人已经与她没有关系，可无辜的她"不识庐山真面目，只缘身在此山中"。

多少个挣扎在爱河中的人都在做着同样的事情，看似疯狂地爱着一个人，其实不过是对自己情感的不能释怀罢了。爱着的只是自己心中的一个影子，与那个被"爱"的人没有一点关系，就像这个男生根本不在乎这个女生一样。

如果这样说你还不明白，那再看看这个案例：一个高二的男生，因为表白被拒痛不欲生，说自己如何如何爱着那个女生，却遭无情拒绝。我问他交往了多长时间，他说是邻班的一个女孩，没有当面说过话，是在元旦文艺晚会上看到她登台唱歌而喜欢上她的，从那以后不能自拔，经常下课偷偷去看看她，半年之后忍不住向她表白，没想到被毫不留情地拒绝了。他非常受伤、非常痛苦，无法学习，但那个女孩在收到表白前，可能都不知道临班还有这样一个男孩儿。你死去活来所谓的爱，对方可能都一点儿感受不到，说起来似乎有点儿可笑，但在中学生中，类似情况时有发生。他们的爱与别人无关，只是抓住了他们自己心中的一个影子，把影子嫁接到现实中恰好有某个相同特点的人身上而已。你以为爱的是这个人，其实是心中的影子。所有的折磨都是在和自己压抑不住的情感斗争。

学着认识自己和别人的情感，修炼自己的内心，管理自己的情绪，让理性时时驾驭情感，保证情感不失控，否则容易迷失在情感中而找不到自己。把自己的价值建立在别人的存在和在乎上，便会傻乎乎地为一个根本不再在乎你的人伤感，并且伤感得很认真，而头脑疯狂的想象让你觉得是两个人的事，其实对方根本就不在乎，或许对方的生活里根本就没有你。

学会分离成长中的情感纠缠，学会识别，学会独立，不胶着，不缠绕，该放手的时候要潇洒地放开，才能不被任何困扰所束缚。

⑤ 好骗的女孩是怎样炼成的

曾经有句荒唐的话："女孩子最好骗。"这显然是对女性的一种侮辱，但也从另一个方面给为人父母者提出了警示：千万别让你的女儿缺失了爱与关注，否则她会在别处去寻找爱。

陪伴的时间有短有长，关注的力量却可以是无限的；贫富各有不同，但爱是可以取之不尽的。

"穷养儿，富养女"。所谓的"富"，本质上是指精神，不论物质条件如何，精神一定要富有。

故事

高考前的"致命"一击

内心有缺，情感的冲击便防不胜防

这是一个看似无病干呻吟、实则无法自救的故事。

她，来自千里之外的一名复读生，因为高考志愿填报失误，621分的高分却无缘心中的大学，被迫复读。高分复读，对她来说是一件非常痛苦的事情，再加上家庭条件不好，她很艰难地面对复读这一年。

精神上的挫败和生活条件的拮据，让她忍受着巨大的压力和痛苦。为了省钱，她经常一天只吃两顿饭；除了校服，她几乎没有其他换洗的衣服。但是她有一个信念：一定要加倍努力，考上北京的好大学。

从离开家乡的那一刻，她就下定决心，要心无旁骛地专心学习。

日子平静地过着，她的成绩也一直遥遥领先。

可是，离高考还有两周的时候，一切发生了反转，她几近崩溃。

那个傍晚，我下班后收拾东西正准备离开，她进来了。

一个小时的谈话，她哭得昏天暗地。

那天谈完后，我们一起走到楼下，她往教室走去的背影，我至今清晰地记得：矮小，屠弱，抽抽搭搭地哭着，让人内心顿生无限怜惜。

是什么让一个成绩遥遥领先、高考胜利在望的女孩如此痛苦？

以下是她的诉说：

"我本来打算全身心地学习，不考虑任何其他的事，甚至我都不想与这里的同学交往，因为这一年，我没有时间去处理人际关系。谈恋爱是我连想都没想过的，也绝不允许在这一年出现的事情，我也从来没认为这种事情会发生在我身上。一是我长得不漂亮，只要我不主动，不会有男孩子喜欢我；再就是我根本没有时间考虑这种事，谈恋爱对我来说是非常奢侈的事情。即使上了大学，我也要以学业为主，先把自己养活了，再考虑其他的。可是，谁想到事情就这样发生了。

"他坐在我后排的后排，我似乎从来没注意过他，其实，我们班的大部分男生，我都没注意过。

"春节过后，他经常来到我的座位这里，有时会问我问题，并且说，他的问题很简单，请不要笑话，不要拒绝回答他。因为我的成绩很好，我害怕他说我看不起他，所以每次都认真地给他讲解。

"有一天，我突然发现桌洞里有一块糖，我拿出来，非常吃惊地问我的同桌谁放在这里的？她说不知道。我又翻看了一下，发现一张小纸片，是他写的，大致意思就是感谢我没有看不起他，耐心地解答他的问题。

"当时我觉得他太客气了，但又觉得人家想表示感谢那就收了吧，没觉得有什么不妥。

"从那以后，我的桌洞里经常有糖果、小面包等精美的小零食。我开始忐忑不安，不知道怎么处理好。这些零食对我来说是诱惑，在我的认知里，只有家庭条件好的同学才能有这种享受，我想这一辈子我都不会是一个经常有零食吃的女孩子了。

"我想给他退回去，他可能看出我的意思，写了一张纸条说：'分享一点零食，请不要拒绝我的谢意。'

"我只好接受了。他也经常请教我，我就越来越觉得坦然了，也更加认真地给他解答。

"小零食还是不断地出现在我的桌洞里，纸条的内容也变得不再是解释什么，而多是问候和关怀。比如，早上他会写'新的一天开始了，加油！'晚上下课他会写'累了一天了，早休息吧，做个好梦！'

"每当看到纸条，我就特别开心，感觉很温暖，也很有力量，一天便充满了激情。每当我不开心的时候，他就会写张纸条安慰我，我开心的时候，他的纸条就会写上：分享快乐。

"那段时间，在宿舍里偷偷吃着零食、看着纸条，我感觉自己像个公主，我想公主也就是这样幸福吧。

"渐渐地，我开始依赖纸条了，如果有一天收不到，就感觉少了些什么，我会不自觉地回头去找他。有一次，他请假两天，我突然感觉自己像丢了魂儿似的。

"我意识到自己陷进去了，喜欢上他了，这可能就是感情。一想到这些，我自己都感到害怕，难道我恋爱了？但是没有办法，因为只要他在，我学习就格外有力量。慢慢地，我觉得这样也挺好的。偶尔我也写纸条鼓励他好好学习。当鼓励的话写出来送给他的时候，我感觉也是在鼓励我自己，感觉很有力量。就这样，因为有他，日子过得幸福了许多。

"可是，就在三天前，晚自习下课，我拿着纸条回了宿舍，打开一看，整个人都崩溃了。他写道：'马上要高考了，我们分开吧，请原谅我不再给你写纸条了，这样太黏乎，对你对我都不好，我要静下心来学习了。'

"这简直就是一个晴天霹雳！

"整个晚上我都没睡着，哭了一个晚上。第二天，我发现他真的变了，再也不看我，即使我忍不住不停地回头，他也无动于衷，还和别的同学说说笑笑，像什么也没有发生过。

"他怎么能这样呢？我已经离不开他，离不开他的纸条了。每天看到他，我就分外高兴地投入学习。他不理我了，我该怎么办呢？马上就要高考了，他怎么不早点说呢？

"就要高考了，他说分就分，且突然离开。三天了，我一点没学进去，魂不守舍，胡思乱想，没办法集中精力。我这种状态，怎么参加高考啊？关键是，现在他一离开，我连个念想都没了，感觉整个人空荡荡的，像被抽去了灵魂一样，我完了！怎么办呢？我快要疯了，我甚至都不想去高考了！"

她诉说着，哭泣着，一时间情感像决了堤的江水狂泄而出。好在她是聪明的，知道及时求助，敢于敞开自己，而不是一味憋着。

陪伴、倾听、抚慰，聊过这一次，她感觉轻松多了，但是依然不能释怀。接下来的两周，每隔两三天她就来咨询室一次，像一只受伤的小猫，她必须在这创伤应激中迎接高考。受伤和挑战同时落到她屦弱的肩头，对这个生命是一种极大的考验。

我用最大的关爱小心呵护着她，精心陪伴着她，日子相对平稳地过去了。最终她顺利地通过了高考，考了 622 分，比上年多 1 分。

成绩谈不上好坏，高考毕竟不是终点，关键是这件事情对她的影响可能渗透一生，这难道不该引起我们的深思？

奇点透视

心灵缺口处的附加伤害

这个在成年人看起来似乎是无病干呻吟的小事，在这个特殊的时刻、特殊的情景下，对于她来说，就像天塌了一样的感觉。如果没有专业引领，她很可能就会摔倒在这段来去匆匆的恋爱里，一年的努力也将功亏一篑，如果是这样，对她的一生恐怕都是个走不出的阴影。幸好，她找到了帮助，冲过了最煎熬的时刻而没有跌入深渊，而剩余的伤害只能慢慢消化。

伤害的发生源于心灵的缺口。为了高考，她背井离乡、艰苦拼搏，甚至半年没有回家。对于一个身边没有亲情的孤单的人，男孩儿的关心成为漫漫寒夜里的温暖，让她无法拒绝。物质条件的匮乏让她对小零食有格外美好的感受，比如一块糖果、一个小面包，一般人满足的是味觉享受，而在她看来，这份甜美却同时唤醒了她精神深处被深藏的公主般高贵的感觉，犹如上天赐予女孩生命里的自尊和小傲娇，她怎么可能不深陷其中？许多人一旦被情感左右，理性便无能为力，再也难以抽身审视这份美好是否靠得住，更无法意识到一切都建立在一张甜蜜的纸条上。

终于，纸条不再甜蜜，男孩说走就走，她正偷偷享受着的人间美好瞬间消失，如梦初醒的她开始惊恐、失落、自责、懊悔，伴着茫然不知所措，伤得如此之重，用微弱的呻吟声告诉天下父母，对女儿最好的爱，就是不让她在基本物质和精神上感到匮乏。内心有缺，是诱发伤害的根源。

感情不是闹着玩的。当感情来了，一旦处理不好，感情是会伤人的，而且有时候伤害力非常大。从古至今，为情所困、为情所伤、为情所殉者不计其数。这个男生润物无声地靠近，又轻描淡写地离开，他可能也没有想到这会给女生带来如此大的伤害，也许他已经不在乎，但一个受伤的灵魂却从此苦苦挣扎。感情啊，不能放纵，学会管理和克制会避免很多悲剧的发生。

伤害又岂止于此？碰到感情这件事，多少人像刚学会走路时的样子，跌跌撞撞的。哪个少年不多情，哪个少女不怀春？生命成长到青春期，感情的发生本就是自然的事情，就像"春有百花秋有月，夏有凉风冬有雪"一样是自然规律。可是，在高考面前，一切与学习无关的事情都是不允许的，"谈恋爱"尤其被列入重点禁忌名单，因为这太影响学习了。从家长到老师，一旦发现哪个孩子有早恋迹象，会立即群策群力严厉封杀。于是，中学里反早恋就是摆上台面的战役，而且家校结成攻守同盟，让那些生理已经成熟、感情自然产生的孩子无处躲藏。他们一旦表达出对异性的好感，那就要遭受来自多方的压力，老师谈话，家长围追堵截，搞不好还要被同学笑话。在本该学习的阶段，只要碰触到感情，多数孩子会遍体鳞伤。

而感情对一个孩子的冲击力绝对不只是看得见、摸得着的外在的形式，很多时候，表面看似风平浪静，他（她）们的内心或许早已翻江倒海，所有的伤痕都会深深刻到心上，而外人的干涉也可能就是附加的伤害。

很多孩子本来可能也就是有那么点朦胧的感情萌动而已，可是，一不小心落到敏感的父母和老师手里，就会被冠以"早恋"的罪名，便会在严查猛打中遭受伤害，从而影响学习甚至中断学业。

面对生命的自然成长和自然成熟，人们首先要敬畏，要尊重，要引导，让孩子正确认识自己，了解生命的节律，懂得自我管理和自我约束，而不是只会一味地围追堵截，只有这样才能减少因盲目而造成的附加伤害。

⑥ 说你不行你就不行

最容易被忽视的，是定势思维铸成的"心盲"。

"人无完人，谁都会犯错。"每一个人都会承认这句话，但当具体到父母与孩子的谁是谁非时，这句话却经常被颠覆。

"孩子就是孩子，那么小，懂啥？"与盲目信任孩子的溺爱相反，即使孩子没有任何问题，有些父母也非得给他"挖出"问题。在孩子的世界中，本来很正常的表现，在父母的眼里可能就是很严重的问题，而且越看越觉得问题严重。他们从来没有想过走进孩子的世界看孩子，也从来没有想过自己衡量孩子的尺度是否有问题。

在现实生活中，这是父母的"上位"思维在作祟，他们自以为有发现问题的"敏锐"眼光，但其实他们自己的心灵却早已蒙尘，真正的亲子之情已经被阻隔在外。

我们称之为"心盲症"。

爱我你就抱抱我

我没病也得有病，怎么也得检查出个什么病来才罢休。

"她表面看上去很豁达、坚强，其实内心非常敏感、脆弱。"

这是一位年轻时尚的妈妈对她女儿的评价，也是整个咨询中说得最多的一句话。

"这次过来想让我帮助你什么呢？"我问。

"对，也许我自己是有心理问题的。但是，今天，我想让你和我的女儿谈谈。她马上要高考了，我觉得她的状态很不好。看起来好像没有压力，不像是要面对高考的样子。但我不敢说她，一说，她就暴跳如雷，脾气特别大。"妈妈焦虑地说。

"对于应考状态，她感觉怎么样？"我问妈妈。

"没有聊过。我让班主任跟她聊，班主任说她没问题，孩子看上去很乐观。我知道，这只是表面，其实她内心很虚弱。"

"也就是说，是你觉得她的状态不好，而她自己并没有感觉自己有问题，是这样吗？"

"是的。这个孩子从来就不说自己有问题，永远表现得很乐观、开朗、大大咧咧，但我觉得这正是她的问题所在，大概是心理问题。"她说着，眼泪悄悄地流下来。

我什么也没说，只是静静地陪伴着。过了一会儿，妈妈说："昨天晚上，我们俩吵了一架，吵得很凶，她也哭，我也哭。我心里难受是因为这个孩子变得非常冷漠，一点儿也不体谅人。为了让她更好地备战高考，这段时间，我天天请假不上班过来陪她。昨天还没说几句话，我俩就吵了起来，她大声吼着让我回去上班，说她自己在这儿就很好。"

"你在陪读？"我问。

"是的。以前她一直住校，我觉得有点儿对不起她。快要高考了，我就租了个房子，过来给她做个饭。"

"对不起她？"

"我们是离异家庭。她刚上小学的时候，我和她爸爸就离婚了。

一直担心影响她的性格，我们大人都很克制，我从来不说她爸爸的坏话，她也经常去她奶奶家，和奶奶家的人都很亲。我很要强，从小就不允许她娇气，也从来不像人家的孩子一样搂搂抱抱，我几乎没有抱过她，我要让她学会坚强。

"她很听话，也很独立，性格很开朗，人很大方、热情，学习成绩也一直名列前茅，似乎没有受到家庭的任何影响。她从小也很知道体谅我，我身体一不舒服，她就端茶倒水、嘘寒问暖。但是，随着年龄增长，我发现她其实内心很敏感、很脆弱，她只是不说，表现得看不出来而已。最近，她经常发脾气。

"我很希望老师和她聊聊，了解一下她内心到底在想什么，不要让她自己那么憋屈，特别是马上高考了。"

"咨询就是谁求助我帮助谁，而不是我们认为谁不好就去帮助谁，如果她不愿意来的话，我似乎没办法帮你完成这个任务。"我说道。

"她很愿意来，她说听过您的讲座，很喜欢你，并且想要报考心理学专业呢。"妈妈有点儿着急地说。

"那好，你回去跟她说，让她来吧。但是，在你们的矛盾和冲突中，你不觉得你自己应该做点什么吗？"我笑了笑。

"我知道我大概多少有点儿心理问题，我的问题以后再说，先给她约个时间吧。"

两天后，女孩如约而至。

一进门，女孩很有礼貌地问好，看上去的确有点儿大大咧咧、不拘小节，是很阳光很积极的那类人。

"今天想要说点儿什么呢？"我看着她，开门见山。

"其实，我自己没有什么想问的，是我妈妈非要我来，说让我把内心的话说出来，让老师帮我疏导疏导。"她很直接地回答，一副看起来无所谓的样子，仿佛是为了完成妈妈交代的任务。

"你自己觉得有什么需要我疏导的吗？"我继续问。

"没有吧，我觉得我挺好的，挺正常的。"

"妈妈要你来，她是觉得你怎么不好呢？"

"她大概觉得我的状态好是装出来的，她一直说我内心很虚、很脆弱，怕我出心理问题。但我觉得我还好。老师，我们家是离异家庭。"

"哦，你觉得家庭对你的影响是什么？"

"妈妈很要强，她从来不让我娇滴滴的，教育我要坚强、要独立、要靠自己。我小的时候很听话，也是照着妈妈的话做的。所以，从小，我的性格很开朗、很豁达。妈妈和爸爸经常吵架，一吵架妈妈就哭，我很害怕，觉得妈妈在家非常不容易，很憋屈，也几乎看不到她的笑容。但是后来我发现，只要我好好学习，妈妈就很高兴。所以，我一直很努力，成绩也很好。后来爸爸妈妈离婚了，妈妈仍然是要强的性格，对我的要求也越来越严格，经常看我这里不好那里不好就大发脾气。爸爸又有了新家，而我却没有人能诉苦了，只能自己偷偷哭。"说到这里，她不禁泪流满面，开始哽咽。

"上初中后，妈妈再对我苛责，我就发脾气。其实，并不是我想发，是控制不住，感觉发出来就舒服了。不知道从什么时候开始，我发现自己有个本领，就是不管发生了什么，睡一觉就忘了。这个本领让我非常受益。包括后来妈妈也有了新家，我更是独自一个人了，遇到很多事情没有人诉说，我就睡一觉，然后心情就焕然一新。"

"你是说，现在爸爸妈妈都有了新家？"我有些诧异，毕竟很多有孩子的家庭即便面对分裂，一般都会为了孩子顺利参加完中考、高考而相守着，等到孩子考上大学后，父母才会去办理手续。

"是的，爸爸那边又有了个小弟弟，妈妈和一个叔叔结婚了。妈妈住到了那个叔叔家里，我住校，这并没有影响到我，我觉得只要妈妈过得开心就好。我很快就上大学离开这座城市了，不会牵扯他们，他们也不用太挂念我了。"女孩看着我说，眼神里充满期待。这一刻，她的眼神变得异常刚毅，给人一种女强人的感觉。

"我很欣赏你对现实的接纳和对自己的肯定，你做得真的很棒！"我被她感动了。一个几乎是被抛弃的孩子，仍然笑对生命，顽强地成长得这么美好。

"其实，我也有点儿小担心，怕高考完了后这个假期怎么度过。我不知道怎么和妈妈相处。她是极力要求完美的那种人，而我相对大大咧咧，真担心我们会吵架，会让她生气。"女孩说到这里，又流露出善良的眼神，但又努力在克制自己，似乎有些矛盾。

"你是说看到妈妈生气你很难受，那你有没有做点什么？"

这一刻，我被女孩感动了，多么孝顺的一个孩子啊，也许因为我也是一个母亲，此刻我特别想知道她是怎么去安慰妈妈的。

"我当然想啊！我发现最近，尤其是最近，我俩吵完架，看她生气，我就很想抱抱她。"她的眼泪再也止不住，开始啜泣起来。

"那就试着去做吧，你会体验到想不到的美好。"我鼓励她。

"不，我受不了，恐怕我妈妈也受不了。"她擦干眼泪，拼命地摇头，然后说，"这也许就是我内心的脆弱。我妈妈天天说我敏感、脆弱。"

她看了看我，似乎是在询问，又很坚定地说："大概是吧，我也渴望像别的女孩子那样撒娇，让妈妈也抱抱我。这就是我的脆弱点，但她也不用天天说我，应该给我时间，让我慢慢成长。"

谁说山岩缝隙里长不出大树？顽强的生命总会自己找到阳光和雨露。女孩回去了，带着阳光和微笑，去拼搏奋斗迎接高考。

我觉得，做心理咨询的应该换成她的妈妈，因为真正的问题不在女儿，而在妈妈。在妈妈的心里藏着太多恐惧、担心、自责和内疚，她需要清理一下自己的内存。

咨询很成功。三个月后，女孩考上了"双一流"大学，妈妈的状态也改变了很多。

奇点透视

向上看着太阳的眼睛

后来，我常常被这个女孩感动。这是一个多么顽强、健康、茁壮成长的案例啊！

著名作家柯云路有一句令我感触很深的话："我不病，谁能病我?！"这句话，在这个女孩身上得到了验证。而有的人则反其道而行之：我没病也得有病，怎么也得检查出个什么病来才罢休！这是一个典型的病态思维。

她在家长铁定认为自己不正常的情况下，还能保持清醒与乐观，的确值得敬佩！

原生家庭给了我们童年，但因为它自身的不完美，常常给我们的身心带来一些创伤。很多人走不出这种心灵上的创伤的阴影，而走成了一代又一代的创伤复制品。

但她却在这无尽的轮回中，勇敢地踏上了自我救赎之路。她深知，真正的治愈不在于逃避或埋怨，而在于面对与接纳。于是，她开始以一种温柔而坚定的姿态，审视并疗愈内心的每一道伤痕。在无数个寂静的夜晚，她与自己对话，倾听那些被遗忘的声音，释放被压抑的情感。她学会了用爱与宽容，去拥抱那个曾经被误解与排斥的自己，让心灵在自我接纳中获得了前所未有的自由。她用自己的故事，向世界证明：即便出身于不完美的原生家庭，我们依然有能力打破创伤的枷锁，活出属于自己的精彩与光芒。

然而，童年毕竟是一个阶段，一个人的人格要慢慢长成，要经历不同的成长阶段，这就让每个生命都有无数次修正的机会，才可以走出家庭创伤的阴霾，以独立的不病状态完成一次生命的旅程。但这种机会不是每个人都能轻易抓住的，它需要生命自身的体察，需要敏感的心灵，更需要向上看着阳光的眼睛。

她的原生家庭在激烈的争吵中分崩离析。一个家庭的崩解，每个成员都免不了遍体鳞伤。她从阴暗中成长起来，但是，她没有带着阴暗过活，求生存的本能让她不断发现能让自己活得精彩的方向。为了让性格要强、脾气暴躁的妈妈高兴，她努力学习；因为没有人诉说苦楚，她学会了睡一觉就忘掉烦恼的本领；当她发现自己的脆弱点的时候，她说请给她时间慢慢成长……

她有一双向上看太阳的眼睛。

来自家庭崩解的伤害，随着她的成长慢慢褪去。生活的种种不易，没有打垮她，反而让她不断掌握新的技能，不断完成着生命成长中的一次次蜕变。当伤害没有了痕迹，生命就是崭新的色彩。这大概就是"艰难困苦，玉汝于成"。

因为她的这种积极乐观的心态，原生家庭带来的创伤从此被隔断，避免了复制伤害的轮回。也许，会有暗伤，但我相信以她生命的自觉足以征服。

这会不会让所有出生在不幸家庭中的孩子可以清醒地看到：原生家庭很重要，但个体的觉察和努力才真正掌管着自己的命运。

第二章

孩子油盐不进，
是因为某种忽视。

油盐不进的顽固态度，雷打不动的不良习惯，不务正业的兴趣爱好……无疑是阻挡一个人进步的天敌。其实，这是因为其成长内力被压制在了心灵深处。

焦虑的人们并不知道，释放的按钮就在被经常忽视的某处。

① 夫妻的贫贱人格和孩子的精神阉割

这里说的贫贱，并非金钱上的贫穷，而是思想、语言与人品上的贫贱。

高贵的人生，需要用高贵的精神支撑；而高贵的精神，需要在孩子童年时期培养。

古语有云：贫贱夫妻百事哀。这"百事哀"，自然也包括了对孩子的教育。

一个家庭，没有一点矛盾是不可能的，有时候矛盾还很激烈，但有些夫妻，为了证实真理站在自己这一边，习惯于放大配偶的缺点和错误，不断将对方的不足集中起来数落，更可怕的是，因此会放大家庭的短板与不如意处，并将之归咎于对方。

语言的贫和行为的贱，逐渐发酵为一种衰能量弥漫家中，如果不及时止损，会对家庭运势与稳定造成难以逆转的影响。如果他们有孩子，那很不幸，孩子的精神，从小就开始接受父母贫贱精神的阉割。

没钱的孩子难当家

**都说穷人家的孩子早当家，而当精神上贫穷的时候，
孩子真的难以独当一面。**

这是一名高一的男生，瘦弱，文静，几根茸茸的胡须标志着他已经是处于青春期。孩子，就应该是阳光向上、无忧无虑、健康快乐的，可是他的诉说却蒙上了沉重的灰色。

"我没有朋友，他们看不起我，因为我家很穷。在宿舍里，他们吃零食时，我总是躲起来，害怕他们分给我，因为我没有零食可以分给他们。他们边吃边聊，我就躲到床上看书，对他们说自己不想吃东西。我感觉自己像个灰溜溜的老鼠。

"周围的人都嫌弃我，我不敢问他们问题，因为我的问题那么简单，怕他们会笑话我，说'这种问题还问？'我不敢回答问题，因为我说话的时候会紧张，一紧张就表达不清，说话语无伦次，同学们会笑话我。

"我总是一个人，一个人去吃饭，一个人去宿舍睡觉，一个人在教室学习。我没有朋友。"

我这时打断了一下："你是说，你没有朋友，在学校你感觉很孤独，那你在家里感觉怎么样？"

"不好。我从小就是独自在家，很少串门。爸爸酗酒打牌，妈妈天天骂他，说他挣不来钱，让我们娘儿俩站不到人前。妈妈很少和亲戚、邻居走动，她怕人家笑话我们穷。我从小就看她经常哭。"

"对于妈妈说的'穷'，你有什么样的感觉？"

"其实，我没有什么感觉。和小伙伴们一样，过年我们都会添新衣服，平时都一样上学。可我妈妈总是抱怨我们家很穷，说不如别人。平时还差点儿，一到过年，该给我奶奶钱的时候，他们就吵架。妈妈说得最多的就是爸爸没本事出去挣钱，只靠种大棚蔬菜，她累死累活，挣了点钱还得养活那么多人。

"我从小就不太花钱，我总觉得妈妈很累很辛苦，挣钱不容易，还得给爷爷奶奶、姥姥姥爷生活费。"

"你是今年刚开始住学校宿舍吗？"

"是的。"

"妈妈有没有给你零花钱？"

"她给了，我不要，每次只拿学校要缴的费用，饭卡她都给我充好了。"

"也就是说，你手中除了饭卡就没有别的零花钱？"

他点了点头。

"如果你想要点零花钱，妈妈会给你吗？"

"会的。她每次都说给我多拿点钱，买点水果啥的，可我不习惯自己花钱。"

"那同学都在分享零食的时候，你的感受是什么？"

"我很害怕，害怕他们分给我零食。但是，我自己躲起来又很难受，其实，我也很愿意和他们一样……"说到这里，他停住了，好像有些话不想说了。

"这样吧，下次回家，妈妈给你零钱时你就拿着，买点零食，或者从家里带点零食，当同学们吃的时候，你也和他们分享一下，先这样试试看，你可以做到吗？"

他沉默了，双手使劲搓动，看起来很困难的样子。没等他说不行，我接着说："我知道，这对于你来说似乎不太适应，或者说没有这样做过，还不习惯。但是，你刚才说过，你也喜欢和他们一起分享的感觉，我也相信你会喜欢的。当作一次挑战，先这样做一次试试，然后再过来和我分享一下感受，好吗？"

他看了看我，说："老师，你说同学们会喜欢我吗？"

我笑了笑，很坚定地说："你试试看啊！"

他似乎轻松了很多，长出了一口气，答应了。

帮助他消除极度的自卑，找到自信，第一步只能到这里了。他像一只长时间生活在阴暗角落里的鼹鼠，虽然对阳光下的欢乐充满向往，但要让他走出去参与进来，需要一小步一小步慢慢试探。当然，这对他来说每一步都充满了艰难。如果哪一步迈得大了，一下拉出去，惊吓会让他再次躲进角落，可能永远不会出来。

一周后，他又来了，带着微笑，但更多的是惶恐不安。

我笑着陪他坐下。"这周你过得怎么样？"我问他。

"老师，我努力了，同学们也都对我很好，但是……"他欲言又止、吞吞吐吐，过了一小会儿，镇定了一下接着说，"我感觉自己很贱、很脏、很醒腲。"

"哦？这是怎么想的，能不能详细说说？"我有点儿诧异。

"按照你说的，放假回家我想带点儿吃的和同学们分享，家里也没有什么太贵的零食，我就想带点儿自己家种的小西红柿和小黄瓜，我不敢拿好的，好的要留着卖，我从品相一般的里面挑了一些。妈妈看见了，问我是不是要分给同学吃，我没说话，她说了句：'不嫌寒碜人。'

"我一下愣住了，想了好久要不要带，最后还是装进包里，可她又过来说：'偷偷摸摸藏藏掖掖，屎壳郎子造不出什么好粪，给人家吃人家也会嫌脏的。'

"我犹豫了好久要不要拿出来，要在平时我早就不带了，可是那天我非常生气，也很郁闷，心中有种说不出的滋味，偏偏就想带着到学校去。可是，我又不敢拿出来。晚上回到宿舍，同学们又在分享从家里带来的零食，我本来想要分享，可是我还是躲了起来假装在看书，也许是习惯，但不同的是这次心怦怦直跳，我一次次想拿出西红柿和小黄瓜分给同学，但一伸手就心跳得厉害，怕被笑话、被嫌弃，两个晚上都是这样忐忑过来的。周三晚上，我豁出去了，想先给同桌一根小黄瓜，他最爱吃黄瓜，当我去拿的时候，不知道为什么妈妈的话突然在我脑子里回响——'脏，寒碜，屎壳郎子造不出什么好粪'，我一下子心慌得厉害，胸闷气短，趴在书包上恨不得把那些黄瓜和西红柿全部压碎。同桌看见了，问我在干什么，我也不知道怎么了，慌慌张张地拿了一根黄瓜递给他。

　　"他喜出望外地看着我，咬了一口，说真新鲜，然后其他同学也凑过来要，我于是拿给他们。黄瓜没了，他们又要西红柿，他们一边吃一边说'新鲜好吃'，大家吃得很开心，我的心一下子冷静下来。天哪，原来他们根本不会嫌弃我。

　　"但过了一会儿我又紧张起来，唯恐他们之中有谁突然说不好听的话。我一直听着他们吃完才放下忐忑的心，他们都睡下了，我躺在床上，不知道为什么，眼泪哗哗地流下来，难道我就是'一个什么也做不好的又脏又臭的屎壳郎'？可是我的黄瓜和西红柿都被他们吃了，他们不会呕吐吧？他们不会反悔觉得恶心吧？我明明听到他们说新鲜好吃，他们不会是说谎敷衍我吧？

　　"第二天我还在担心，可突然下铺的同学说，你带的黄瓜真新鲜，还有吗？再给我一根吧。这句话吓了我一跳，总觉得不真实，我仓皇地又拿给他一根，并偷偷看着他，看起来他吃得真的是香。

　　"老师，不知道为什么，现在我心里还很虚，既高兴又害怕。"

"是不是觉得自己配不上啊？"我笑了笑，看着他。

"是啊，是啊，老师你怎么知道？"他疑惑地望着我。

"没有人会看不起你、嫌弃你，因为没有人无缘无故嫌弃别人、厌恶别人，被嫌弃、被厌恶的人都是自己招来的，要么言行不规范，要么伤害到了别人。你很善良，很勤奋，也很为他人着想，怎么会被嫌弃呢？家庭经济条件不好不是你的错。人穷志不短，淤泥出红莲。即使再穷，你带来的黄瓜、西红柿也是刚刚摘下来的，他们再富有也不一定能买到这份新鲜。所以，当下你就是最好的，就是最富有的，就是能够给予人最大满足的人。你应该为自己高兴，应该为你的黄瓜、西红柿感到骄傲。"

我非常高兴地说到这里，他又流泪了，满脸绯红，眼见着浑身充满力量。我说："对，你是值得的。"

"我是值得的！我是值得的！我应该高兴！我可以高兴！"他泪眼汪汪地看着我低声重复着，分明是说给自己那颗一直被压抑的心听的。说着说着，他开心地站起来，说："老师，我从来没有这么轻松过，感觉浑身干净、充满力量。"

我们都开心地笑了。

我知道，这个久被压抑的灵魂已经实现了转向，生命不再困于角落，从此向阳而生。但是，家庭已经为其人生打下基础，改变会非常困难，他可能会用一生和自己斗争。

他离开了，我却想了很多。

奇点透视

称职父母的巨能

百年之后，父母都会离我们而去。

上天赋予父母巨大的能量，使他们懂得从孩子渴望独立时慢慢退让权力，更懂得在孩子好奇而畏怯地面对怀抱之外的世界时，能给予其面对世界的力量，使其战胜来自生命内部的自卑，从而促使人格逐渐成熟。生命内部自然萌发的自卑是成长的动力，然而来自生命之外的自卑却是有无限杀伤力的，那是在一个生命成长的过程中，外部环境不断强加给他（她）的感受。

这个男生一直在被这种外来的自卑感折磨着，这种强烈的自卑感来自家庭经济条件吗？看起来好像是，但是，我们分明看到他的家庭经济条件并没有差到吃不上饭的程度，可是，在他的身上体现出来的是极度的贫穷、丑陋，那是妈妈在他生命里打上的标签，他因此高度自卑，这直接影响着他的人际关系，影响着他和整个世界的关系。

造成这一切的不是别人，恰恰是他的母亲——本应最爱他的人。最爱他的人却成了让他无法面对这个世界的人。这是什么逻辑？可是，事情就是这样发生的。

孩子小的时候，不知道金钱是什么，但他知道妈妈喜欢的是什么，让妈妈生气的是什么。当一个妈妈经常为了金钱抱怨、流泪的时候，这个孩子也会从骨子里痛恨金钱这个东西。更何况父母经常为了金钱而吵架，妈妈由此谩骂、诋毁爸爸。妈妈也许只是对这个家庭不满、对爸爸不满，可是在家庭关系中，母亲对父亲的鄙视、辱骂和诋毁，其实就是对儿子的精神阉割，在这种环境里，怎么会培养出儿子高贵的自信？

比较一下不难发现，他的家庭经济条件并不是太差。家里种着大棚蔬菜，有比较可观的收入，可是妈妈仍觉得贫穷，觉得站不到人前，经常抱怨、发牢骚，并把丈夫说得一文不值，这其实不过是妈妈对爸爸的不满以及对婆家的不满，但妈妈天长日久习惯性的抱怨制造的强大的自卑感却笼罩着整个家庭。她没有想到，这些抱怨唯一的作用是被自己的儿子照单全收，在孩子幼小的心灵里就留下"贫穷不如人"的感觉，这不但让儿子高度自卑，也破坏了儿子和金钱的关系，比如：从小他不再乱花钱，甚至不花钱，"妈妈挣钱不容易，还要养活那么多人，花钱会让妈妈难过"，这是深埋在他幼小心灵里错位的种子。

当他长大需要和同伴交往的时候，他和金钱的这种关系便会严重影响他。在同学和金钱之间，他选择了维持从小建立起来的和金钱的关系——不花钱，这使得他只要涉及金钱就觉得无法走近同学。

他真的是没有一点儿买零食的钱吗？不是。他说了，妈妈每次都给他零花钱，而他不要。他心里上不接受花钱，也就是说，他的"贫穷思维"根植于内心深处，是精神上的贫穷，与物质无关。一些富翁总不舍得花一分钱，过得比穷人更拮据，就是这种心理。

从小就在精神贫瘠的家庭中成长起来的孩子，自卑注定会影响他的一生。当他在我的建议下，要走出孤独的角落，试着和同学分享的时候，妈妈尖酸刻薄的话差点儿让他丧失了全部勇气。对一个孩子来说，妈妈的话就是出门要照的镜子，妈妈说自己脏、寒酸，他哪里还有勇气去大胆面对？

相反，多少寒门出贵子！那些真正一贫如洗的家庭，却常常能培养出精神高贵的孩子，看看他们的母亲就知道其中缘由。那些睿智的母亲在教育孩子的时候，她们从来不觉得自己是贫穷的，她们会对孩子说贫穷只是暂时的；三十年河东，三十年河西，只要努力，我们就会富有起来；人穷志不短等等。物质再匮乏，她们也不会损害孩子内心的希望和追求美好的信心。即使吃不上饭，她们也会给孩子画饼充饥，让孩子看到希望、感到富足。

她们不仅是说教，更重要的是以身作则、率先垂范，即使是在物质生活极度贫穷中，她们也会对生活充满信心，不抱怨，不指责。她们的孩子虽然没有物质上的享受，但精神是富足的。

这就是来自称职妈妈的巨大能量，在物质贫穷中守住了孩子精神的富足。一个精神富足的人，内心必然是强大的；一个内心强大的人是无往而不胜的，只要有机会就会创造美好的生活。

② 从父母的自以为是里突围

一个太多人不了解的事实是：孕期和孩子一岁前，夫妻吵架是严重破坏孩子安全感的"凶手"。

父母吵架，娘胎里的孩子很受伤！

没有爸爸的世界

等孩子带着"残缺"长大、出现问题时就只能亡羊补牢了。

咨询约的是上午9点，听声音她应该到了，但迟迟没进来，门外有打电话的声音，久久不停。

她是朋友推荐来的，未曾谋面，不知道是什么样的人，但她这个举动，让人心中产生一丝不快，毕竟今天我的安排已经很满，这段时间是为了朋友勉强挤出来的。

还好，又过了一会儿她进来了。进门一声"你好！"声音很大、很欢快，接着边伸出手边快步走过来。

我愣了一卜，或许大脑里没有这样的储备，因为来咨询室的家长很少有如此高兴的，但我马上反应过来，带着微笑，伸手轻轻一握，顺势请她入座。

"我的孩子不知道怎么了。"她开口直奔主题。

口红很娇艳；脸颊的腮红不经意间跳跃在窗玻璃反射的曦光里，有点儿生硬，但不影响妆容的精致；一件墨绿色羊绒小西装，白色低领丝绸衬衫，显得很干练；纤细的手指，做了红的绿的带着花的美甲。

我低头看了一下她填写的表格：男孩，13岁，初一。

她仍然在说："要不是今天老师找我，我真不知道他会是这样的。"她笑容逐渐消失，接着脸上挂满疑惑。

"上课不认真听讲，还东戳戳西戳戳，让人家周围的孩子没法好好听课。这不是关键，关键是他晚上在宿舍不睡觉，一听到别的同学睡着了，他就哭。开始的时候在被窝里偷偷哭，后来直接大声哭，吵得整个宿舍的孩子都没法睡觉。老师找他谈话，他说睡不着，想家想妈妈，老师就一直安慰他。前两个晚上稍微好点儿，但是昨天又不行了，又哭，并且哭的时间越来越长，昨晚一直哭到凌晨两点多。同宿舍的孩子们都没法睡觉，去找老师，老师找他谈话，他说就是想妈妈。"

"我们是单亲家庭。"她看了看我，突然非常认真地补充了这一句。

"当时……孩子多大？"我问。

"不到一岁，我们离婚的时候他还不记事。也就是说，从小，他的世界里没有爸爸这个角色。因为这个，我很注意对他的教育，经常看一些教育孩子的书，想弥补单亲家庭的不足，害怕他心理不健康或者性格扭曲变形。我觉得我的教育是很到位的，我对他的文明礼貌和行为习惯方面要求很严格，他也做得很好。我爸妈也很注意对他的教育，他和姥姥姥爷很亲。他是一个性格活泼开朗的孩子。"她满脸骄傲地说着。

"但是，他好像很缺乏安全感。"她停顿了一下，犹犹豫豫地说。

"你说'缺乏安全感'的意思是？"我问。

"嗯，他经常会说：'妈妈，你是不是不要我了呀？我感觉你不喜欢我了。''妈妈，明天要下雨了，你不要出门啊。''妈妈，你不能不吃饭，你不能生病。''妈妈，我在学校里很想你。'我觉得他是缺乏安全感。前两周放假，他就吵着说不要住校了，要回家住，我没答应他。现在每周送三次饭，等于是隔一天就去看他一次。即便是这样，他每天还要打两次电话。每次打电话，第一句话就是：'妈妈，家里没事吧？我总感觉你会出事。'我告诉他没事，他就嘱咐我不要不吃饭，不要喝凉水，天黑了早回家等等。"

"你的意思是，他经常担心你，害怕你出什么事？"我问道。

"是的，他总是担心我一个人在家会出事。他说上课也经常想，总是走神儿，学不下去。"她说得很轻松，但又有些疑惑，皱着眉头，似乎一直在想证实这是不是缺乏安全感。

"他回家的时候，表现得怎么样？"

"回家表现可好了。帮我干家务活，以前他不愿意干，现在回家就干活，倒垃圾，收拾饭桌，并且对我嘘寒问暖，唯恐我在家受了委屈。学校里的事，他从来都是报喜不报忧，所以我觉得他很好。去上学前就嘱咐我这个那个的，比如：水壶要装满水，不要喝别人带来的水；出去吃饭尽量少喝水，回家多喝；抽纸换上新的；等等。他像个小大人似的。开始我还觉得很暖心，但是现在看来，他是不放心我，是在担心焦虑，应该是缺乏安全感。"她边说边思索，似乎在努力寻找答案。

我微微笑着看着她，没有做出否定的动作。

"他以前晚上在宿舍里哭吗？你知道吗？"我问。

"他以前也提到过，说想妈妈睡不着，就躲到被窝里偷偷哭，我当时没太在意，但他也没说得那么严重啊！这个孩子是不是缺乏安全感？"她忍不住再次问道。

"你是从什么时候开始觉得他缺乏安全感的？"

"从他上初中住校开始。以前他在家里很好，很活泼开朗，从来没感觉有什么不一样，就是问过我几次是不是不想要他了。

"我想起来了，是在他四岁的时候，奶奶家想要回这个孩子。要就要吧，我就把他送去了。当时，我放下他就走，他死活不留下，哭得撕心裂肺的，我头也没回就走了。他在奶奶家待了十几天，实在不行，不吃饭也不睡觉的，他奶奶只好又把他送了回来。一直到现在，他经常说起这件事。是不是这件事让他失去了安全感？

"或者那次我生病住院，让他全程陪护，他有些害怕，让他失去了安全感？"

她一边说一边思考，苦苦寻找让孩子缺乏安全感的原因，似乎这是某一件事情造成的，找到这件事情就解决了这个问题。

一边努力求证，一边不断强调她对教育的用心，说只要孩子在家里的时候，她绝对不出去应酬，尽可能地在家陪孩子。

"离婚之前，他一岁前或者你在孕期，你们夫妻是不是经常吵架？"我问。

"是的，经常吵架，那时我就极度没有安全感，很害怕。还没结婚吵架就开始了，结婚后吵得越来越厉害。怀着他的时候，我经常被半夜赶出门，在漆黑的夜里走在大街上，不敢回娘家，害怕父母担心。嗐，当初嫁给他的时候父母就不同意。

"那时，我真的很害怕，但这还不是最害怕的。有时他喝醉了，半夜回到家'嗷'一声大叫，瞪着眼就骂我，我常常吓得心扑腾扑腾的，浑身哆嗦，一下子就像掉进万丈深渊似的。"

说这些的时候，她脸上光泽顿失，没有了刚才的轻松欢快，变得沉重起来。

"我很注意对孩子的教育，我父母也很注意，全家人都觉得已经离婚了，就尽量在教育上弥补，不要给孩子造成伤害。"

"我的孩子没有心理问题吧，老师？"最后这句话可以看作是她的自我安慰，从她的着急焦虑中可以看出，她已经担心孩子是否有问题了。其实，孩子可能真的有问题了。

这个咨询历时四个多月，她和孩子最后都走出了紧张焦虑的状态。

你可能想知道他们是怎么走出来的，但作为心理辅导的过程是专业的，也是复杂的，并不是这里叙述的重点。讲这个案例，阐述事情是如何发生的可能更重要，没有人会完全重复别人的路，但所有人都可以从别人的经历中得到启发，做到防患于未然。

奇点透视
你的视觉盲点，就是认为孩子听不懂

这是一个打扮入时、看上去很年轻的妈妈，结婚不到两年就离了，一直生活在父母家里。她的经历和她现在给人的感觉一样：她自己都还是个孩子，一个成长在原生家庭中的孩子，"母亲"这个角色在她身上显得非常别扭，而她又的确是一位母亲，有一个儿子，过的是家庭生活，而不是单身生活。

她就这样进入了一个"母亲"的角色，她的儿子就这样进入了一个没有爸爸的家庭。在他没出生时，父母就经常吵架，母亲一直生活在恐惧中，孩子必然也在恐惧中。

一个太多人不了解的事实是：孕期和孩子一岁前，夫妻吵架是严重破坏孩子安全感的"凶手"。越小的孩子，父母的吵架对孩子造成的心理创伤就越严重，在大人看来是吵架，在婴儿看来就是天塌地陷。巨大的创伤使这个孩子的心理已经出现较为严重的问题，带着这些问题，他将非常痛苦地活在这个世上。可是，妈妈并不知道，也不懂得。她隐约知道儿子不能适度表达和控制自己的情绪，严重缺乏安全感，但是她不知道为什么这样。

一般人会觉得孩子小，什么也不知道，什么也听不懂，认为胎儿只要在母亲子宫里就是安全的，恰恰相反，父母吵架对孩子的影响，是孩子越小影响越大，孕期也不例外。

所以，著名心理学家萨提亚提出：父母万不得已当着孩子的面吵架后，双方都要对孩子道歉，并说明原因，说明不是孩子的错，哪怕是襁褓中的婴儿，这个工作也不可缺少。

任何人成长过程中，父亲的缺失和家庭的残缺，是无法寻找替代品的。尽管妈妈非常努力地学习教育孩子的方法，注意弥补单亲家庭的不足，可是，再怎么努力，爸爸的角色也还是缺失的。这种缺失更多时候是一种感觉，没有任何好的教育方法和理论能弥补，因为再好的理论也只是理论，和感受不在一个维度上。

除了父爱的缺失，从这位妈妈的表现看，言行中不乏自以为是，总认为自己做得足够好，出问题的是孩子，原因是父亲的缺位。而正是因为这种自以为是，才难以走入孩子的内心，对孩子通过各种细节表达出来的内心诉求不能给予及时的回应，而只是生硬地强化教育，这也是导致孩子出现问题的重要因素。

这位妈妈一直在努力否定孩子是有心理问题的，因为自己这些年已经很努力地在防范，如果儿子真有这样的问题，那不是对自己的彻底否定吗？可是，现实常常不以人们的美好意愿去呈现。

如何帮助孩子走出"没有爸爸的世界"？唯有让孩子时刻体会到家的安全与温暖，以及及时的回应，让他体会到自己对这个世界是重要的！

天下的父母都爱孩子，请尽可能地给予孩子一个健康完整的家。万一不能保证家庭的完整和健康，请认真学习父母课，要懂得孩子的成长规律和所需要的心理营养，不要等孩子带着"残缺"长大。

3 有多少成长扭曲在"有害陪伴"中

成长中的孩子，需要父母的陪伴；成长中的孩子，情绪需要被及时回应；成长中的孩子，心灵世界的构建需要身边的榜样。

陪伴之重要性，已为多数父母所认知，但并不是所有的陪伴都是有益的。有的陪伴是无效的，有的陪伴甚至是有害的。

有害陪伴，会扭曲孩子的成长过程，甚至会导致孩子逐渐从父母的世界逃离。

当父母发现孩子越来越不可思议、越来越难以理解的时候，并不知道自己和孩子其实已经不是生活在同一个世界中。

当父母的陪伴成为孩子的恐惧，任何"威逼利诱"的教育都是无效的！

或许你的孩子，已经和你不在一个世界中了。

爸妈在这里，我却是一个人

**"从小我和他们的关系就是：他们明明在我身边，
可我感觉自己还是一个人。"**

走进咨询室的是一名胖胖的高二女生，主诉问题是：上课经常走神儿，紧张害怕，坐不住，一刻也不想在教室里待下去。

"坐在教室里的感觉很难受，老师讲的内容完全听不懂。听不懂，老师，您知道吗，那滋味很难受。"她边哭边诉说着。

"听着听着，就感觉老师在讲台上叽里呱啦，只看到老师的嘴在动、人在动，而我完全听不见他在说什么。我很害怕，只想赶快跑掉。"她说着，双手抱住头呜呜哭起来。

"快要考试了，我有很多不会的知识，成绩从二三十名下降到倒数第一名了。我快要疯了。"

"父母知道你现在的状况吗？"我问。

"不知道，我从来不跟他们说，说了也没用，他们根本不理解我。从小就是我一个人面对所有的问题。心情不好时，我会躲进自己的卧室，一整天不说话。

"现在让我更受不了的是我妈妈，她要一直陪着我。我在学校里学不下去，请假回家，她就请假在家陪我。我不愿意她这样，她上班忙自己的事就行了。我俩在家里一天都不说话，我不愿意看到她，她自己看电视、看手机，我在自己房间里哭得头疼想睡觉，可就是睡不着。因为她在家，我一天都不吃东西不喝水，尽量不出来上厕所。

"从小就是她看电视，我写作业。周末，我要么出去找朋友玩，要么躲进自己的房间。爸爸基本不在家，一回到家他们就吵架。"她突然仰起头看着天花板，很无奈地任由眼泪肆意流淌。

"小的时候，我非常羡慕别的小朋友经常和爸爸妈妈一起出去游玩、聚餐，我们家从来没有一家子人在外面一起吃饭的经历。那时候我要妈妈带我去吃肯德基，她就说少吃垃圾食品，即使勉强去了，每次都让我自己吃，她坐在对面看手机。

"别的小朋友家全家一起看电影，我也吵着让爸爸妈妈一起去，可是她说不喜欢看那些小孩子看的电影，总是买了票让我一个人看，她在外面等我。

"我现在已经非常习惯一个人，也受不了他们现在这样关心我。每次我无法忍受了，就说自己不想上学，妈妈就哭，说我要'折磨死他们'，说不敢跟我爸爸说我的情况，说了就一定会吵架。那我该怎么办？"

最后，她望着窗外迷茫地说："从小我和他们的关系就是：他们明明在我身边，可我感觉还是一个人。"

她的这句话说得轻轻柔柔，但掷地有声！

这是一个孤独的灵魂，太多的情绪积累到无法释放，太大的压力只能一个人默默承受，孤独与无助让她在高考的压力面前几近崩溃，她需要关爱，更需要支持——来自心灵的支持。

对她的辅导非常顺利高效，陪伴、支持加一些简单的减压小方法就让她很快释放压力、减轻焦虑，回归到正常的学习状态中。

那段时间，她格外兴奋，阳光开朗，学习成绩也迅速提升，经常考到班级前 10 名，用她自己的话来说，就是"从来没有感觉如此轻松、如此幸福过"。也许是久旱逢甘霖吧，孤独的灵魂遇到温暖和支持便迸发出无穷的力量。

经过半年多的辅导，她和父母的关系也有了改善，尤其是和妈妈。其实，妈妈不是不想给予支持，也拿出时间来专门陪伴，但是因为不懂孩子的真实需求，给到的都不是孩子成长需要的陪伴。

有多少孩子和父母的关系是这样的！多少问题少年是这种关系导致的！这不就是世界上最远的距离吗？你在我身边，我却感觉不到。

有一位母亲来咨询，说儿子沉迷于手机，连吃饭都不放下手机，上厕所都拿着手机。

当我见到她的儿子的时候，情况截然不是这样子了。他的儿子说，自己因为受不了妈妈的唠叨，就拿起手机来当挡箭牌。每次放学回家一进门，妈妈就开始唠叨着"去学习，好好学习"，自己连吃饭都不敢和他们一起，每到饭点，自己就拿起手机去厕所，等他们快要吃完了再出来。

这些是父母不知道的。他们的眼里就只是孩子疯狂地玩手机，但是孩子为什么玩手机，他们却不知道，也从来没思考过。他们哪里知道孩子只是为了躲避他们，是他们把孩子"赶进了"手机里。

有一位妈妈说，自己上三年级的女儿学习非常不专心，上课常常做小动作，多次被老师叫家长去学校谈话。这位妈妈怀疑女儿得了多动症。咨询的过程中，她的女儿说："每次做作业时，妈妈把我关进房间，她在客厅看电视。我也很想看电视，可是，她说先写完作业才能看。我写不下去时，偷偷出来看一眼，一旦被妈妈发现，就装作上厕所或者喝水。

"但是，每次她总是狠狠地骂我，说我不专心。她经常偷偷推开房门看我，我稍歇会儿也不行，就说我不认真。我一边写作业，一边偷偷听着，怕她进来。"

……

这些案例各有不同，问题的表现千差万别，但导致问题发生的原因却都有一个共同的特点：陪伴的方式出了问题。

奇点透视

心不在场的陪伴，是世界上最遥远的距离

在这位母亲的眼里，孩子学习不专心是个大问题，她要从孩子

身上解决这个问题，但她却从没有思考问题的根源在哪里。当我提出要她好好陪伴孩子，先慢慢帮孩子养成独立高效完成作业的好习惯时，她很委屈地说："我每天都在家陪她写作业，为了她我推掉了很多社交活动，晚上基本不出去。"

可是"这种身在心不在"的陪伴是无效的，甚至是有害的，它制造的是分离，是矛盾，是混乱，是对抗。这不仅会让孩子和父母对抗，更可怕的是也让孩子和学习之间建立了对抗的关系。妈妈在看电视却不让孩子看，这相当于在小猫的面前吊着一条鱼却不让它吃。这哪里是陪伴，分明是扰乱，是对孩子内心安静的扰乱！而妈妈却只看到孩子不专心。

因为电视的诱惑，学习就成了应付。这时，家长批评、指责、催促或者逼迫，都毫无意义，只不过是负面强化，给孩子造成低效能感，让孩子觉得自己不好，让孩子厌恶甚至痛恨学习。

正如一个高一的孩子所说："家里的所有矛盾都是因为学习，我恨透了学习，这个世界如果没有学习该多好啊！"

于是，学习慢慢变成亲子之间互相要挟的条件，父母和孩子整天为了学习进行拉锯战。父母常说："好好学习就给你买""考试考到第几名就答应你""谁叫你不好好学习的""你看别人家的孩子""再不好好学习就"……

每当这时，孩子的话不会太多，因为他们还是弱者，不敢反抗，但是内心是否服从就是另一回事了。

父母成了监督者，孩子成了替父母干活的人，从此学习不再是孩子自己的事。在孩子的意识中，我在认真地做作业只是为了让你不批评我，而不是我要学会这些知识，这无形中破坏了孩子的责任意识。如此发展下去，一定会生成一种"父母—学习—孩子"不健康的三角纠缠关系。

父母紧紧抓着孩子和学习不放松。迫于父母的强势，孩子不敢明着反抗，但当所有的矛盾都是因为学习而发生的时候，孩子就会讨厌学习。在这种"三角纠缠"中，孩子不会感受到来自父母陪伴的力量，相反，每天都在想办法和父母"斗智斗勇"，因此消耗了大量的精力，这让他如何能养成专心学习的好习惯？

心不在场的陪伴对孩子的影响是巨大的，这制造了世界上最遥远的距离。

有一名高三学生因考试焦虑来咨询，她很伤感地说："快点儿高考吧，高考完了，我就去一个很远的地方，再也不回来了，不要再见到我的父母。我并不是不孝顺他们，我会寄给他们很多的钱，让他们住好房子、过好日子，但是我想不回来了。"想通过考上大学逃离的孩子不在少数，只是他们不明说而已。

心与心之间一旦有了距离，在一起便是一种折磨，感受强烈的一方必然急于逃离，有时甚至产生仇恨和报复心理。

一位四十岁左右的家长说："我不喜欢我的母亲，回家也是淡淡的，没什么话说。说起来好像很不对，但是，从小母亲就没给我一点温暖的感觉，除了批评的时候，我们之间很少交流。看到别人和妈妈那么亲近，我很羡慕，但是我妈就没从心里关心过我。所以，我发誓要对自己的孩子好，可谁又想到他这么不听话。"

爱的缺失造成了她的补偿心理，让她不自觉地想在儿子身上给予多方关爱，甚至是溺爱，这也是这位家长没有得到好的陪伴的后遗症。

疏远和溺爱都会导致问题的发生。她是为她儿子的问题来咨询的，但问题的根源却在她、她母亲，甚至是母亲的母亲身上。

很多家庭像她们一样，孩子表现出的问题，其实是整个的母系能量供应链出了问题！在对孩子的陪伴方式上出了问题。

高效陪伴是孩子健康成长的最好的心理营养，不同时期孩子也需要不同的陪伴内容。

人在一岁前，最需要父母无条件的爱，母亲几乎是孩子的整个世界。从母亲无条件的接纳里，孩子能找到自己"全能"的感觉，从而建立起对世界的信任以及安全感。父母是否给了孩子安定的爱，是否传递给孩子强大的内心力量和积极情绪，对孩子性格的形成都会产生巨大的影响。

大自然是神奇的，为了防止有些母亲对自己的孩子不负责任，它让生产后的母亲除了分泌乳汁哺育孩子以外，还分泌一种叫本体胺的激素，这种激素让母亲大脑愉悦充满满足感，促使母亲自愿地为新生儿提供一切需要的关怀，给予孩子温暖、食物、满意和安全。有了本体胺的激励，母亲愿意放弃自我的一部分，与新生儿达到一种"共生"的状态。这种激素是激发母性之爱的天然催化剂，是大自然为了保护新生儿，赠予初来乍到的小宝宝最重要的礼物。这种感觉让母亲对自己的孩子无限满意和充满热爱，从而满足孩子要被自己无条件接纳的需求。

可是，并不是所有的父母都能做到无条件地爱孩子，在急功近利的驱使下，很多父母对孩子的爱个自觉地带上了种种条件：你学习好，我就爱你；你表现好，我就爱你；你懂礼貌，我就爱你；你比别人家的孩子好，我就爱你……

我把这种有条件的爱称为"冷爱"。在冷爱中，孩子感受不到力量和温暖，感受到的只是疏远和父母对自己的不在乎。因此，即使你在身边，孩子仍然会感觉是一个人。尤其当家长把学习成绩当作第一条件，连和孩子在一起的时间都满满地被学习占领的时候，爱是极其功利的，是冷的，孩子是感受不到的，孩子是孤独的。

爱孩子，就要用心陪伴。

④ "娘炮"是这样养成的：被"富有"抽走了骨气

都说"望子成龙，望女成凤"是天下父母的共同心愿，最起码在孩子小的时候，大部分父母内心深处都有过这种期望。随着孩子年龄的增长，或许父母对孩子的期望值会逐渐降低，但似乎没有哪一位父母会把孩子成长的标准降低到"不用奋斗就行"的层次，但大量的案例证明，在生活中，很多颇具实力和财力的父母，真的在用自己的财富逐渐抽走孩子成长的骨气。

这是一个令人叹惋的故事。

精致男孩与妈妈比拼化妆

只要你的内心贫穷到嗷嗷待哺，
那无论多少外在物资都无法弥补这份苍白。

走进来的是妈妈，孩子跟在后面，一开始并没进来，等她回头再喊了一次，他才走进来。

妈妈的打扮很时尚，妆化得很浓，指甲火红火红地闪着亮光，戒指、手链、项链、耳环一样不缺，而且自然成套，都是红宝石系列的。

小伙子长得很高，眉清目秀，唇红齿白，皮肤白皙得让女孩们看了都会有一丝嫉妒。

长得怎么就那么精致？我突然想到了 2018 年 9 月 1 日开学第一课上被攻击的那些"娘炮"。没错，他也是精心化了妆才这般精致。

"这个孩子最近不想上学了，三番五次地请假，今天又请假让我来接他，真是愁人。其实，平时他还是很听话、很聪明的，也很团结同学，心地很善良。"

妈妈说出事实之后，大概担心说重了会惹得孩子不高兴，赶紧补上几句好听的，而孩子只是旁若无人地看着周围，也不说话。

"你跟老师说说，你为什么不想上学。"妈妈推搡着儿子。

"不为什么。"等了好久，他说了一句话。

"他从小就是要什么我们给什么，生活条件不说是最好，但是比一般家庭的孩子都要好。我们总觉得做生意没有时间照顾他，害怕他受了委屈，给他请了三个保姆，王阿姨和赵伯伯负责接送他上学和辅导作业，大王阿姨专门做饭。保姆们对他百依百顺，他从来都是家里的'小皇帝'，我们不在家他就说了算，他们都围着他团团转。经济上更不用说了，什么衣服时尚就买什么，买来穿不了几天就送人了，前两天还打了三个大包让王阿姨带回老家了。我们也给他足够多的零花钱，让他去交朋友，请朋友吃个饭啊，送同学个礼物什么的，可他还说交不到真朋友，说自己在教室里很孤单，没有同学和他一起玩，现在更是不想上学了。"

妈妈说完这些停下来看了看他。

"妈妈说的这些，你的感受是什么？"我微笑着问。

"还要什么给什么，每次要钱都会打折，买件衣服都不行！她自己买多贵的衣服都不心疼！"他低着头很不开心地说。

妈妈无奈地看了他一眼，对我说道："这个孩子这几天很有情绪。最近我买了一套两万多块钱的瘦身衣，他非要穿。我不是心疼钱，是觉得这是女孩子穿的塑身衣，他非说自己的腿很胖、臀没型，也要买一套。他从小就爱美，到现在和我用一样的面膜，口红比我的还多。我不是心疼钱，就是觉得美体内衣应该是女人的衣服。"说完转头对儿子，接着说道：

"你想买不要紧，去让王阿姨请塑身专家过来量体定做就行，你真是为这个才不上学的？买了你就去上学？"

她渴望地看着儿子，为了儿子上学，妈妈答应为儿子定制一套两万多块钱的塑身衣！

"算了，不买就不买了。上学和这事儿没有关系。我是在教室里待不住，很难受，别人都在又写又背的，我学不下去，很烦躁，也没有可以说话的朋友。"他一脸不耐烦的表情。

"你妈妈说给了你足够的钱让你交朋友，但你却说没有朋友，是这样吗？为什么？"我问了他一句。

"就是没有朋友。上初中的时候，我买东西分给大家吃，大家都很高兴，也都愿意跟着我混。但是自从到了这所高中，管理很严格，他们就知道学习，连吃东西的时间都没有；两周放一次假，而且还不到一天，请他们出去吃饭都没有去的；每次放假，我一个人请自己胡吃海喝，把买回的零食分给舍友，但他们都不要。他们只知道学习，和他们在一起，我觉得很压抑。"他一副很委屈的样子。

"你是说以前的时候，你用物质来交换友情，现在同学们都忙于学习，交换不到了，是这样吗？"我重复着他的意思。

"他们还说我是'败家子''花花公子'，是'异类'，说得很难听。他们有的早上起来脸也不洗头也不洗，还经常笑话别人如何如何打扮，真受不了他们。"他开始生气了，歪头斜眼看着门口。

"你对学习怎么看？"我问。

"无所谓。学习不就是为了找个好工作嘛。我不想马上参加工作，将来我想一个人先出去闯闯世界，不需要非得上什么好大学。"他很得意地说，似乎现在就想说走就走。

"其实，我们也没有逼他学习，也不指望他能考上什么好的大学，只要能顺利读完高中，随便考个什么大学都行。实在不行，就出国上大学，等毕业回来，他愿意来我们公司也行，愿意自己创业也行，到时候我们给他启动资金。按说这是多么好的规划，是多少人求之不得的，他就是不听话。"妈妈有些着急了，抢着说。

"你让他上学的目的是什么？"我笑着问。

"他这么小也不能不上学了吧！最起码也得读完高中，再好歹上个大学，或者出国待两年长长见识。钱是不缺，他爸说我家钱不算多，但几辈子也够花的了，所以不求他挣大钱，只要他好好地按照常规走完他的路就很好。现在他得好好上学才行。"

"你是说，你们挣的钱已经够几辈子花的了，他不需要再去拼搏了？"

"起码不像有些孩子，为了将来能有个好工作，多赚点钱，不得不拼命地学习。"

"也就是说，你们认为他的人生现在就不需要努力奋斗了？"

她沉默了，有些难为情。

"上学本身就是一个人努力成长、努力奋斗的过程，如果不需要奋斗的话，瞎混是没有意义的，也是与其他同学格格不入的。'同学同学，共同学习'，不学习而在这里，就会处处感到别扭，他能好受吗？能待得住吗？"向来以听为主的我破例说了自己的此刻感受。

她是聪明的，似乎接着悟出点什么，沉默了很久，说："是啊，我们是不是错了？我们的教育方法出问题了，不应该给孩子太多的钱，要鼓励他自己去奋斗，他的生活才有意义……"

……

"我们先都回去想一想，好好理一理再说吧。"

看上去，她有些明白，也有些坐不住了。

很明显，这个孩子厌学是家长金钱教育理念错位的必然结果，孩子本身也是受害者。一个本该蓬勃发展的生命，在物质至上理念的影响下，在极其丰富的物质包围中逐渐丧失了斗志，而这个理念影响的不只是一个孩子，可能是整个家族的未来。

奇点透视

"金玉其外，败絮其中"的悲剧

世界很美好，我想去看看，但看看需要实力，实力需要金钱和教养打底。

良好的教育培固起正确的价值观，使人具有潇洒走四方的强大生命力。建立在物质基础上的价值观，不知道以后会变成什么样，但必然是虚弱不堪、不禁风雨的。

物质是可以极大丰富，也是可以充分满足的。当一个人觉得物质足够丰富的时候，拼搏奋斗已经成为多余，认为上学没有必要，也不过是在跟着同伴走完一段看起来必须要走的路，但那路是他们的，看他们走得津津有味，可自己咀嚼着根本不需要的食物，体验得味同嚼蜡。

他们家的教育是把物质教育摆到了第一位，或者说，对孩子的教育被物质裹挟了，认为有了物质就是胜利，所以他们的观点是"家里的钱已经几辈子都花不完"。那这话的意思，不就是接下来的几代人都可以躺着花钱了吗？还要努力奋斗干什么？在这种思想背景下，一切都会朝着这个方向发展。他不想上学也就成为必然，不论父母嘴上怎么说"孩子应该上学"，可能都无济于事。

物质真的有那么重要吗？物质不过是装点这个世界的浮云，它从来都不属于谁，也没有属于过谁。"金玉满堂，莫之能守"。我们的生命只不过是偶然的一次历史重演，从来都是赤条条来赤条条去，伴随着的只有你的内心。你的内心有多强大，你就有多富有，这和物质没有太大关系。对任何外物的攫取和紧抓都会耽误了修行你的内心。如果执着于外在物质，便会忘掉自己真实的内心，致使你的内心变得贫穷，变得苍白，变得嗷嗷待哺。

只要你的内心贫穷到嗷嗷待哺，无论多少外物都无法弥补这份苍白。尽管在你身边有金山银山，但你依旧是精神贫穷的乞丐，不会感受到富足。

回到前面的问题，家长用物质包裹了孩子的心灵，越是强调物质的丰富，孩子的心灵越是被压迫得弱小。为了彰显存在，孩子会变得傲慢、浮夸、虚荣、不懂感恩，甚至骄横无理。

这不是孩子的错，是他虚弱的心灵在寻找安全的归宿。孩子心灵没有很好地成长壮大，他把富有的物质认同为自我，以为物质的丰富就是他的强大，什么都拿物质来衡量，离开物质他就不知道怎么去证明自己的存在。他会因为一块名表傲视整个校园，他会因为请小伙伴们吃一顿大餐来显示自己的强大，他会用他豪华装扮和精美的玩意去吸引众多的女孩围绕——到头来只是一场空悲剧。

⑤ 破解"总是考不好"的魔咒

当一个人的成长全靠外力的时候，这个人很难形成强大的自我。相反，由于外力的高强度压迫，自我意识会越来越小、越来越弱，整个人体验到的多是无力感和无能感。

的确，很多孩子下了决心，时间也靠上了，学习也非常努力了，但每次大考，成绩总是与期望值相去甚远。

于是，再下决心，再努力……

一次次的循环中，孩子和家长都身心疲惫。

似乎，"总也考不好"的魔咒降临在了孩子身上。

为博妈妈一笑，她被名次"追杀"

孩子之所以能被"恶魔诅咒"，一定有能被乘虚而入的"软肋"，找到这个软肋并强壮之，所谓魔咒自然也就失效了。

这是一个很文静的女生，正读高二，在咨询室里一句话不说，只是安静地蜷坐在我斜对面的沙发上，双手抓着衣领，微微低着头。

我稍事整理后也坐下来，只是微笑着看着她，一言不发，最后她不好意思地先开口了。

"我一到考试就特别紧张，尤其考数学前，提前好几天我就开始紧张，睡不好觉也吃不下饭，考试的时候手发抖、手心出汗，心跳得厉害，所以总是考不好。

"其实，每次考完复核时，一看题目很简单，但是考试的时候，因为紧张就是做不好，感觉本来背过的内容也忘记了，本来会的题目也不会了。

"成绩总是不好……我该怎么办呢？怎么和妈妈说呢？"

说着她皱起眉头，一副要哭的样子。

"从小，在村里我就属于学习好的学生。老师说，我不是很聪明，但属于学习比较认真的那种。在家里我排行老二，我姐姐考上了一所一般的师范学院。那年，我们村里和她一样大的都考了重点大学，只有她考得很差。其实，平时数她学习最好，可就在最后时刻考砸了，全家人都很难过，尤其是妈妈总觉得在村里抬不起头来，不好意思对人家说姐姐上了哪所大学。当时我还在上初中，所以一家人都把希望寄托在我身上，希望我能考一所好的大学。

"姐姐上大学之前，我并没有太认真地学习，等姐姐一高考完，那个假期，我迫切感觉到学习的重要性。先是姐姐在家伤心哭泣，一家人也都不高兴，后来村里人都在比较孩子们考的大学，对姐姐考的大学自然少不了说三道四：有的很同情，说姐姐发挥失常不该考这么个学校；有的说姐姐就是这个水平……妈妈总在回避，不谈这个事儿。高考出成绩的那几天，我们一家人几乎不出门，害怕别人问姐姐的高考分数。亲戚朋友也故意回避我们，不好意思多问，唯恐惹得我们伤心。

"那个假期，家里充满了阴霾，很压抑。后来，姐姐去上大学，妈妈也不愿意和别人说出姐姐在哪里上大学。从那以后，我一下感到巨大的压力，似乎这样的命运很快就会轮到我，于是我开始真正努力学习。

"只要认真，就有效果，成绩提高得也很快，初中毕业时我的成绩是年级前三名。中考后，顺利考入了高中实验班。妈妈很高兴，一家人都很开心，但对我来说，来到高中，强手如云，我只能更加努力，不敢懈怠。可是最近，成绩一直下滑，我很害怕。我已经很努力了，不应该学不好啊！要是考不好，妈妈会多么伤心、多么丢人。"

她说着说着哭了，无奈，无助，担心，焦虑。

"你说成绩一直下滑，是什么情况呢？"我问道。

"我的学号是2号，刚开学考了第二名，期中考试考了第七名，最近这次考了第三名。"

"从第七名到第三名怎么会是下降呢？"

"可是，刚开始是第二名，现在第三名了。我已经很努力了，成绩就是提不上去，我妈妈肯定会失望的，我不愿意看到妈妈为我伤心，不愿意看到妈妈唉声叹气，导致每到考试我就特别紧张，害怕考砸了，没法对妈妈说，害怕妈妈伤心。"

她满含眼泪，无助地看着我。

"你为什么学习？"我轻轻地问了一句。

"为了不让妈妈失望，为了妈妈能常常面带微笑。"她毫不犹豫地说。

"你是说，你学习完全是为了妈妈！那你自己呢？"

"没有想过，我不知道。我怎么都行，只要妈妈高兴就好。"

这是一个背负沉重压力的孩子，将全家人的希望尤其是妈妈的喜乐背在自己身上，聚焦到每次考试上，她怎么可能不紧张，弱小的她又怎么可能不被这巨大的压力扭曲？要消除考试紧张就要帮她拿掉压在她身上的巨大压力。她很聪明，经过三四次辅导后释然了，重新找回了自己生命内部的动力，成绩和考试心态都平稳了，整个人也绽放开了。

奇点透视

破茧成蝶？先消除与父母的不平等契约！

这是一个看起来很懂事的孩子，为了博妈妈一笑，努力学习提高成绩。很多父母也以此为骄傲，殊不知，当孩子过分在乎别人的时候，她就已经失去了自我。在这个案例中，她学习是为了讨好妈妈，所做的一切都是为了妈妈，进而为了别人，唯独不为自己。

然而，任何没有自我参与的学习都不利于自身成长。

她努力学习就是为了完成任务——取悦妈妈，只有妈妈高兴了她才踏实，如果妈妈不高兴，她就认为是自己的过错，不肯原谅自己。在这种无形的契约中，她被牢牢地套住了。

只要考试就考虑妈妈的心情，只要妈妈不高兴就觉得是因为自己考得不好，自己也因此不高兴。

于是，专心致志的状态被破坏，一系列错误认知由此产生，像乱麻一样缠缠绕绕，成为其成长的羁绊，何谈潜能开发与成绩突破？

错误认知一：对自己的成绩横竖不满意，只要个是直线上升就认为是下降。在她的世界里，名次没有提高就是成绩下降了。比如，从第二名到第七名是下降，第七名到第三名她依然说是成绩在下降。因为在她的潜意识里，成绩从第二名到第七名再到第三名，这三个节点上，她看到的只是从第二名到第七名，而从第七名到第三名就无意省略了。她会有很好的理由：总体来看是下降了，并且她看到的永远只有下降而没有看到第二次的提升。这类似于在特殊情况下的选择性忽视、选择性忘记，因为她强烈地感觉到自己成绩的下降，所以潜意识里自然主动寻找下降的理由。

但她只有在看到成绩的下降的时候，才会有挫败感、无能感。

错误认知二：只要会的内容就必须做对，否则就是自己太笨。因为太在乎成绩，所以每次考试她都会认真地对自己的失分逐一分析，只要看到本该会的题做错了，便不肯原谅自己，揪着不放。

不放过这道错题，其实是不放过自己的这个错误，不肯原谅自己，最后归结到自己的能力上，就是自己怎么学也学不好，学会了也可能出错，自己是无能的。

错误认知三：考不好是因为紧张，只要不紧张就能考好。

考试紧张是大部分孩子都会体验到的，但是，当她把每一次的考不好归咎于紧张的时候，就会越来越紧张，越来越考不好，这是一个恶性循环。导致这出现一切的原因很简单，是她对成绩的过分关注，而根本原因是她太在意妈妈的情绪。

这种在意里有心疼，有歉疚，有责任，有恐惧……复杂的情感纠缠在一起，使得她只好拼命学习，想用好的成绩来平衡这一切。对她来说，成绩是平衡一切的支点，一旦成绩不好，在她的世界里一切将会失衡，失衡会导致情绪烦乱，伴随一些躯体征状呈现出来，比如心慌、发抖、出汗等等，致使她像没头苍蝇一样四处寻找原因。

但是，不论她怎样找恐怕都找不到真正的原因所在，因为她的一切都是建立在别人身上的，并没有真正关注过自己。

当一个人的成长全靠外力的时候，这个人很难形成强大的自我，相反，由于外力的高强度压迫，自我意识会越来越小、越来越弱，整个人体验到的将是无力感和无能感，即使再有成就也不会感到满足和幸福。

孩子成长的过程中，需要激发的是其内力，培养其强大的内心，使其成为一个独立强大的个体。让一个生命自由蓬勃地成长，就要少加一些外在条件的束缚。

6 当心"带毒陪护"

唤醒迷失在自我世界里的孩子们!

当吃饭、穿衣成为一种被恳求完成的任务,当读书成为报答对父母之爱的要挟,孩子的成长便会成为别人的事情,很可能会展成"精神侏儒"。

很多"精神侏儒",是亲人"带毒陪护"导致的结果。

如同我多次所说:在成长期,孩子都在构建自己的世界,这个被构建的世界,就是他一生的命运。在这期间,孩子的心灵最容易迷失方向。

当"带毒陪护"的恶果开始呈现,如何把孩子从迷失的世界里拉出来,就是父母最重要的任务。

辍学孩子的成长史

历经岁月洗礼的成年人尚且常犯低级错误,何况孩子?

所有因厌学而半路辍学的孩子的父母都很焦急,恨不得谁能给个办法,让孩子立刻生龙活虎去上学。今天来到咨询室的这位母亲也一样,但她的焦急中夹杂着许多无奈。

她说:"儿子又不上学了,我知道原因,但就是没办法。"她刚坐下来便着急地说。

她穿着很时尚，打扮也很精致，面容姣好，只是有些憔悴，整个人似乎被抽掉了精神，看得出来，应该是有些不顺心的事情。今天她是为儿子的事来的，她的儿子上高二，是家里的独生子。

"孩子从什么时候开始不上学的？"我接话问道。

"高一时就经常不去上学，到了高二下学期，从过了春节就没上几天。前两天去学校连着上了五天，又赶上放假，这不又无缘无故不去了。"

"我的意思是说，是从哪一年开始，他会无故不上学的？"

"这样说起来，应该从小学四五年级他就时常无缘无故请假歇两天，不过小学的时候请假少，一个学期也就一两次，初三开始请假多了，现在越来越厉害，隔三岔五就不上学。功课这么紧，他越落越多，还经常威胁我们说就是不想上学了。"她满脸焦虑地说着。

"四五年级他开始请假不上学的时候，家里发生了什么事情？"

"什么也没发生。"她沉思了很久，又说，"当时他身体虚弱，奶奶很心疼他，一看到有点流鼻涕就给他请假。对，这就是我想说的原因：一家人太袒护他了。"她叹了口气。

"你是说，孩子是由奶奶带大的？"

"算是吧，但我和他爸也一直都在身边，我们和公公婆婆一起住。我是剖宫产的，身体恢复得很慢，我妈看着我很受罪，就没让给孩子吃母乳，等我出院后就没有奶水了。婆婆心疼孙子，一直是由她亲自照顾，吃饭、睡觉从来不让我们管，说我们不会照顾孩子。我们夫妻俩的确非常省心，就像没生过孩子一样，该聚会就聚会，该出去玩出去玩，过得逍遥自在。我俩是高中同学，其他同学都非常羡慕我们。老公到现在还像个没长大的孩子。

"可是，随着孩子慢慢长大，我发现公公婆婆的教育方法有些问题。比如吃饭时从来不坐在饭桌旁，都是追着孩子喂；衣服从来不自己穿，都是奶奶帮他穿，爷爷穿都不行，必须是奶奶给穿，并且至少穿三遍；晚上奶奶搂着睡觉，但是睡前故事必须由爷爷讲，有时，爷爷奶奶都陪着，他让谁讲谁就讲。我说这样可不行，但是没有人听。后来我再说，老公就和我吵架，说我不放心他妈妈，对他爸妈挑刺儿，为这事，我们夫妻俩经常吵架。

"我觉得这是溺爱，从结果也看出来了，孩子越来越不像话。孩子上小学的时候，放学都是爷爷和奶奶一起去接，奶奶拿着削好的水果追着喂，爷爷拿着衣服和书包跟在后面追。孩子有一点儿不舒服，奶奶就给他请假不上学了，带他到这里推拿去那里按摩。后来我发现，他不想上学就说这儿不舒服那儿不舒服，他奶奶就吓得小心翼翼地伺候着。"

"现在他不上学也是说身体不舒服吗？"我插了一句。

"不是，现在是无缘无故就不上学了，谁也不知道为啥。我们每天都小心翼翼看着他的脸色，说话拿捏着，生怕一不小心说错话，他就不上学了。他认为上学就是给我们上的，我们根本不敢过问学习的事，一问就发火。"

"除了这些，他不上学的时候还会说些什么理由？"我接着问。

"他说自己反正什么也听不懂，坐在教室里活受罪；说同学们都不和他玩，他没有朋友；说老师也不喜欢他，他感觉自己就是多余的。"妈妈皱着眉头说，"其实，我知道都是他的原因：三天两头不上学，落下的功课很多，他肯定听不懂；经常不去学校，人家同学们怎么和他玩？这都是借口，这个孩子从小就没有几个朋友。小时候放学回家就叨叨，不是这个小伙伴不和他玩，就是那个小伙伴拿他的东西，或者哪个小伙伴欺负他……整天找老师告状，老师都烦了。现在老师不喜欢他，我也知道这个情况，因为从小就几乎没有老师喜欢过他，嫌他事儿多。"

"你是说，他的人际关系处理得不太好？"

"不是不太好，而是太不好了。他总是在抱怨别人，觉得大家都得以他为中心。在家里这样，出去了谁听他的？现在，他不和任何人来往，亲戚朋友的孩子们找他玩，他也不理人家，整天自己一个人闷在家里。"

"他在家一般会做些什么呢？"

"他很懒，整天躺在床上，连饭也不起来吃，都是他奶奶把饭端到他的床头橱上他才吃，就是端过去还得好好说，先问他想吃什么，拿错了也不吃。他奶奶都是站在床边看着他把饭吃完。我有时很生气，不让他奶奶给他拿。后来有一次，奶奶一天没给他端饭，他就一天没吃饭，他奶奶心疼得站在他卧室外面掉泪。"

"他躺在床上做什么？"

"玩手机、打游戏、刷视频，手机不离手。我们现在是谁都不敢说他，一说不给他手机，他就像发疯一样。他个子很高，一米八五，发起火来很吓人。他现在即便去上学也带着手机，尽管学校不让带手机，但不给手机他就不去上学，我没办法只好和班主任说，哄着他去上学。嗐，现在是，只要能去上学，什么条件我们都答应。给他买了辆山地车，骑了两天又不要了，我们说你骑着锻炼身体也行，可他也不锻炼，胖到快二百斤了。"

"你现在想让我帮助你什么呢？"我笑了笑问。

"看看怎么能让他去上学。他对我们什么也不说，我总感觉和他好像隔着一层，永远走不到他的心里，不知道他在想啥。"她很急切地说。

"你觉得这个孩子最主要的该解决的问题是上学的事吗？"我问。

"我来咨询的时候是这么想的，但随着刚才我自己的叙述，我发现问题远远不是上不上学的事，而是我们家的教育出了问题。但是，我也不知道该怎么解决啊！"她说话的速度明显放慢，抬头看着我，眼神中充满迷茫、疑惑和祈求。

奇点透视

别低估了孩子的是非观

树大自直，一般是父母的一厢情愿。成长中的孩子们，是非观的树立全靠父母、老师培养，而且是不稳定的。

历经岁月洗礼的成年人尚且常犯低级错误，何况孩子？爱子心切的爸爸妈妈、爷爷奶奶们，最常犯的错误就是：并不知道自己的"精心呵护"正在养成一个自以为是、缺乏自主生存能力的"精神侏儒"。

其实，问题已经很清晰地呈现出来了，当监护人对教育的认识和教育方法出现偏差的时候，越是精心地陪护，就越像给小树浇灌毒营养。

这个孩子从小是由四个大人一起带大，大人们对孩子宠爱有加，尤其是爷爷奶奶，加上爸爸妈妈都是独生子女，溺爱从上一辈就非常明显地开始了：姥姥疼爱妈妈，不让给孩子喂母乳；老公至今还像没有长大的孩子。到了他，又是独子，宠爱不断叠加。

不吃母乳会影响母子良好关系的建立，使得婴儿很难和妈妈建立亲密依赖型关系。又因为奶奶心疼孙子，孩子的吃喝拉撒睡全由自己包揽，又减少了妈妈和孩子在一起的时间，所以，这个孩子从小和妈妈并没有建立起正确的依恋关系。正如她说的，她和孩子之间永远像隔着一层，走不到他内心里。

全家人围着他转，什么事都先考虑他，穿个衣服还得爷爷奶奶在身旁；睡前故事让谁讲，他说了算；放学两个人一起接，追着喂饭……一家人的过分宠爱，使得孩子从小形成自我中心，养成了自私的性格。

心理学家阿德勒在《自卑与超越》中说："宠溺导致儿童曲解生命的意义。被宠溺的儿童学会了认为自己的愿望必须被当作律法对待。他们无须努力提高，就有权与众不同，一般认为自己的地位与生俱来的。所以，当他进入新环境，不再是众人关注的焦点，大家不再认为必须首先照顾他的感受时，他就会很失望，觉得世界辜负了自己。"

他只学会了索取，不懂得给予，从没学会如何应对问题。大人一直都顺着他，所以他无法独立。他只关心自己，没认识到合作的必要和益处，所以，这个孩子从小没有朋友。被宠溺的儿童长大后，也许是社会中十分危险的一类人。

家庭没有原则，缺少规矩，是另一个致命的伤害。

不想上学了，奶奶就给他请假；做错了事，妈妈一批评，爷爷奶奶就护着；爷爷奶奶完全依着孩子、顺着孩子，妈妈没有话语权。在孩子的心中从来就没有规则。这样的孩子无所畏惧，他甚至不知道什么是对什么是错，因为家庭中没有标准，他只会由着自己的性子来。

在我所做的咨询案例中，辍学的孩子，多数都符合一条，就是家庭没有树立良性的规矩。

过分的宠溺，使得孩子没有责任感，任性，冷漠，在外面遇到困难就想退缩到家中。这时候，家人再对他说教，他就会特别反感，觉得全世界都在和他作对。他会无视家人的苦口婆心，甚至极力反抗，对父母的哀求表现出极度冷漠。父母越是讨好，他就越对世界失去信任。因为，父母哄着他做的是他不愿意做的事情，他由此感觉全世界都在骗他。

他的做法遭到周围所有亲人的指责，他虽然嗤之以鼻，但内心会不断进行自我否定，从而逐渐产生"无意义感"，表现出来就是懒惰、情绪反应过激、自暴自弃。

抱着手机躺在床上，还得全家人伺候着，拒绝与任何人交流……好好一个孩子就这样被四个大人"精心"培养成了一个废人。

第三章

成绩腾飞？
先揭去五行山上的那道符咒。

弱科、弱点、短板、失眠、走神……如此情况
下，别说想创造高考奇迹，就是连成绩进步，
也是镜中花、水中月……
造就这一切的元凶，就是那个标签！

① "问题孩子"，多是被"认可"的产物

作为中国人，相信对赏、赐、封、授等语词耳熟能详，这是古代帝王或上位者对下级任命职务或赏赐封爵的公文语言。在古代，即使不识字的老百姓，也能通过故事、戏剧明白这些字的分量。与之相对的，则是夺、削、罚、罢、免等表示剥夺的惩处性词语。从这些语词不难看出，都含有命运的密码。随着封建王朝的覆灭，这些语词逐渐被"任免"等字眼替代。

千万不要认为"封授"是帝王和官员的专权，父母、老师或者长辈，都有着相似的权力。所以，在古代，父母、师长对于子嗣、学生都有赐生、赐名等权责。

尤其作为父母、老师，无不在用自己的语言能量构建孩子的成长背景音，赐予他们或积极或消极的人格。

故事

被"神罚"的女孩

当一个人觉得失去了对自己控制的力量，当"什么也不行"成为成长的背景音，她经受的就不仅是痛苦，更可能是绝望。

这是一名长期被午休折磨的高一女孩。

第一次见面，她哭丧着脸，浑身无力的样子。

从初三开始，不能入睡的午休成为其挥之不去的梦魇。

当我问她此时的感受时，她说："很紧张，很闷得慌，这里发闷。"她把手放到心口处，"我好像很害怕，也很担心一些事。快要考试了，我很担心考不好，我害怕考试。从小父母对我的成绩很看重，自己也觉得考不好就对不起父母，所以每到考试我就很紧张，也因此总是睡不着。"

"睡不着，只好让父母陪着睡，即使让父母陪睡，也需要很长的时间才能入眠。我都这么大了，总不能老缠着父母。可是，中午午休时我怎么也睡不着。"诉说中的女孩泪眼汪汪。

她最大的奢望，竟然是中午能好好睡一觉！

为此，她做过各种努力：命令自己必须睡觉；晚上少睡几个小时；睡觉时数绵羊……这些方法不但无济于事，相反让她越来越紧张、越心烦、越不能入睡。因为中午不能入睡，下午整个人处于紧张、混沌和烦躁的状态，反应迟钝，记忆力下降，无法全身心投入到学习中。

她整天到处求救，班主任被她纠缠得无可奈何，各种办法都使了，先是允许她上课困的时候打个盹儿，不管用；又给她开绿灯，早自习和晚上第三节自习课不上，让她早睡晚起，但依然无效。

父母省吃俭用，到处求医问药，先看过4位中医，说法各自不同，但都说身体各种虚，需要调理，吃了几十服中药，依然睡不着；听说保健品很好，于是各种保健品一应俱全地购买并服用，但她仍然睡不着。

实在没有办法，妈妈便搂着她睡，尽管她已经是16岁的大姑娘了，可她还是不能很好地入睡。

妈妈只好去"求仙"了。

那个老婆婆神神叨叨地说："孩子欠了钱粮，神仙降罪了，母亲须跪求9个晚上，此罪可免。"

"为了我，妈妈曾经连续 9 个晚上在家里跪到深夜。"说到这里，纤弱的女孩低下头，极力掩饰哗哗流下的泪水。

"当你睡不着的时候，你一般会想些什么呢？"我问。

"我感觉自己对不起父母，家里什么事情他们也不用我干，让我只管学习就行，可是我不但学不好，连好好地学都做不到。我感觉自己真没用，做什么都做不好。我太没用了，不如别人聪明，不如别人会说，不如别人漂亮，不如别人能学，感觉自己哪儿哪儿都不好……"

这是一个自我定位"我什么都不行"的女孩。

从交谈中得知，其父母非常在乎孩子的成绩，不让孩子做除学习以外的任何事，在家也是衣来伸手饭来张口，孩子一旦说不舒服，全家齐上阵，唯恐耽误了她学习。学习成为她唯一和最大的事情，然而成绩又不那么争气，于是女孩经常陷于自责之中。

"对不起父母"成了她最强大的背景音，事实也以"对不起"的方式渐次呈现：一考试就紧张，紧张就失眠，失眠就失利，失利就恐惧。失眠与糟糕的学习状态相伴前行。

学习效率的下降不断加剧着其内心的恐慌。改变，必须改变！

于是，在和父母以及孩子本人深入交流之后，我和女孩有了这样一段对话：

"对于当前的情况，你有什么样的感受呢？"

"很无奈，很无助，一点儿办法也没有了！"

"你觉得睡不着对你的影响是什么？"

"中午睡不着，下午就犯困，学习效率非常低，学习任务完不成，成绩提不上去，看到其他同学认真地在学习，心里就特别急，越着急越心烦，现在经常烦躁得在教室里待不下去。"

"也就是说，你认为成绩提不上去是因为中午睡不着，并且你认为中午必须要睡觉，是这样吗？"

"是的。同学们都在午休，只有我睡不着。我就看书、做作业。"

"也就是说，你的痛苦来源于你认为应该睡觉而睡不着觉，是这样吗？"

"是的，我就是应该睡觉，睡不着觉就学不好，就对不起父母。"

"那太好了，你完全不用担心，更不用害怕了。因为科学的午休是：几分钟足够，不睡也可以，哪怕似睡非睡地闭眼养神，也是在养精蓄锐。午睡过长，反而不好。所以，只要你躺下来，让自己均匀地呼吸，让血液平缓地流动，心情宁静，便是最好的休息。刚才你说，你经常可以安静地躺半个小时，你已经做到了。"她瞪大了眼睛看着我，半信半疑地说："这样真的行吗，老师？"

"当然行。"看到我的坚定，她怀疑的目光慢慢缓和了，沉默一会儿，她将信将疑地点点头，似乎重新整理了一下自己的思绪，也似乎要去尝试一下。

"我再教你一个放松的方法，学会了，几分钟就是很好的休息。"我接着说。

她很高兴也很期待地答应着。我教她呼吸冥想，让自己在短时间内迅速安静直至宁静，让身心得到充分放松休息。

很快，女孩从满足于几分钟的小憩，到入睡十几分钟，再到和其他同学一样午休，一步一步重新建立了自己阳光明媚的世界。

奇点透视

"强加于人"的疾病

当初她睡不好觉，不过是掉进一个沼泽中不能自拔。首先是她的认知告诉她，中午必须按照学校的作息时间睡觉。在这样的认知模式里，睡觉成为必须完成的任务，否则会导致自己下午萎靡不振。其次，碰巧有几次没睡好的情况下考试也没考好，她顺理成章地将原因归咎于午休。同时，因为成绩不好，父母的焦虑给她造成巨大的压力，于是她认为想要提高成绩，必须先睡好午觉，否则就会影响下午的学习，效率就会低下，就会完不成任务，成绩就提不上去……巨大的压力下，入睡反而变得更加困难，而看到父母面对自己成绩的失望时，她更加努力想要睡好觉，似乎"睡好觉"就能提高成绩，于是越想越难以入睡，长时间努力后仍然睡不着，让她强烈地感觉到自己是无能的。

一旦产生这个想法，"人生否定式"就这样写成了，一系列问题随之发生：低效能感，觉得自己什么都做不好；缺乏自信，不愿意与人交往，变得孤独、孤僻，而孤独会让她更深层次地体验到无能感、无力感，于是在学习上表现出前文中的一系列问题。而造成这一切后果的原因，不难看出恰恰是她和家长对学习成绩过分关注而产生的巨大压力。她的精神防御系统为自己成绩不能提升找了一个合理的借口来减压。

对自己思想驾驭能力越强的人，越容易体会到成就感和幸福感，相反，当一个人觉得失去了对自己控制的力量，当"什么也不行"成了成长的背景音，他经受的就不仅是痛苦，更可能是绝望。

② 贴在孩子头上的"强制报废"标签

直接否定的暴力语言，配之直接或间接否定的暴力动作，那无疑就是给孩子头上贴上"强制报废"的标签。那标签，就像贴在五行山上的那道符咒，强压在孙行者身上，任其本事通天，也只能忍受着。

当"强制报废"的符咒生效后，父母对孩子课堂外的全面监控也就开始了，以自己的学识、权威对孩子的世界进行全面"入侵"。无法进行有效反抗的孩子们，只好以不同的形式为自己加上各种保护层。这些保护层，在家长、老师视野中，就是种种难以疗愈的身心疾病！

父母是孩子成长的陪伴者、监护人，但不是监狱的管教，应警惕监护与"侵略"的错位。

龟缩在"防火墙"里的男孩

别让成长中的孩子生活在毫无隐私的世界里。

跟着我走过来的是一个白净瘦弱但很高挑的男生。他很羞赧地站在我身边，我微笑着看着他，一时没有语言的交流，我俩都笑了。他的笑容非常单纯，但透出一丝凉意。

这是坐在教室里第一排的那个男孩儿，或者准确地说，他是坐在第一排之前讲桌旁边的那个男孩儿。

记得第一次上课，他总是有意无意地答应着，我说每一句话他都答应一声"嗯"，他的答应声连起来，就像是给说话的人敲着鼓点，一句一顿，让人感觉很不舒服。他并没有抬头，手里还在乱写乱画着，但答应声一句都不落下。我说得快他就快答应；我说得慢他就慢答应；我停下来他也就停下来，但手中继续写写画画，丝毫没有觉察到什么。

讲到紧要处，我突然停下来并点名提问他："我刚才说了什么？"

他站起来，一脸蒙，不知道自己答应的是哪句话，甚至不知道为什么会被叫到名字。同学们哄堂大笑。

很明显他已经习惯了，不管自己听没听见，只要有声音过来就本能地答应。任何课堂上都是如此，同学们也都习以为常。

我让他看着我，我继续讲。他看着我听了一段时间，竟然没有答应一句。我冲他温和地笑了笑表示肯定，告诉他，以后听课要抬起头看着老师，试着尽量让自己不出声，做不到没有关系，只要减少就好。他很高兴地坐下了。

这是几个月之前的事了。

就在刚才这节课上，他的同桌在发言中提到了他。同桌是要分享心理学的神奇之处，然后就以他为例，说自从上完我的那次心理课后，在课堂上，他不再随便答应了，老师和同学都觉得很奇怪。

我低头看了看他，他很羞赧地笑着，什么也没说。

现在，他跟着我从教室走出来，一直走在校园里。他是想和我说点啥呢？我探寻地看着他。

他微微涨红了脸，笑了笑，终于说话了："老师，你有孩子吗？"

在一般人看来，这是个奇怪的问题，跟着老师走了这么久，就是为了问这个问题？他问这个干什么呢？

但是，职业敏感让我一下猜到，他的父母或许也当老师，或者爷爷奶奶当老师，总之，他是由当"老师"的人抚养长大的。

"是不是觉得我家的孩子很幸福啊？"我反问他。

"是啊，是啊。"他使劲儿地点头，一脸认真的样子，好像非常惊诧于我能猜透他的内心。

我本来想问问他们家谁当老师，但是又怕惊扰了他的情绪，我于是换了个问题："告诉我，你需要什么样的帮助呢？"

"老师，你什么时候能给我们的家长讲讲课？"他皱起了眉头。

"你觉得需要讲什么呢？"

"就讲讲你上课讲的内容，比如，人的健康不只是身体健康，心理健康一样很重要；还有情绪，我们正处于青春期，生长激素分泌旺盛，有时候情绪来得很突然，自己也不太好控制……总之想让他们理解我们……"

"怎么了？你和父母的关系紧张了？"我笑了笑。

"不是一般的紧张，几乎天天吵架，我觉得简直没办法了。从小，我是一个非常懂事的孩子，他们说什么我都答应，并且一点不能走样地去做。我爸爸是小学老师，对我的学习要求特别严格。记得小时候，因为我的字写得不好看，不知道爸爸给我撕碎了多少本子，多少次打我的手。学习，学习，他们就只知道学习，他们觉得学习是一切，没有学习成绩就没有一切。如果我考不好，他们就发疯一样地惩罚我，也打也骂，好像没有成绩我就不是他们的儿子了。他们到底要成绩还是要儿子?!"

他越说越委屈，最后几乎要掉眼泪了。

"现在，你的成绩怎么样？"我轻轻地问。

"越来越差，而且，我现在非常害怕考试，一到考试就紧张得不行，吃不下饭，睡不好觉，上课不能集中精力学习，总是担心考砸了，效率非常低。看他们愁眉苦脸的样子，我还想着去安慰他们。他们也说考不好不要紧，但是，我知道他们非常在乎我的成绩。尤其是邻居家的三毛，最近名次上升得很快，快要赶上我了，爸妈很着急。"

"你是说，父母会把你的成绩和三毛的成绩作比较？"

"不仅是三毛。因为爸爸是老师，每次考完后，就拿我的成绩和班里所有名次差不多的孩子比较，我失误在哪里，他们进步在哪里；有同学超过我，那就把我和那些人的所有的试卷都进行比较，每一道题都不错过。我的成绩和我整个人就像动物标本，被妈妈多角度全方位观察审视，没有一点儿死角，我的世界毫无隐私。"

爸爸大幅度侵入孩子的世界，几乎不给孩子留一点儿私有的空间，已经让这个孩子几乎要窒息。不难看出，他为什么问出"老师，你有孩子吗？"这样的问题。可见，在他的心里是多么渴望被当老师的爸爸所理解。而当我说中他的心事的时候，他滔滔不绝地说出了自己身为老师的孩子的苦恼，说明他反复想了多少个夜晚，直到无意中发出"他们到底要成绩还是要儿子"的愤慨。

奇点透视

成绩与儿子不可兼得？

父母的教育方法已经让他忍无可忍：死死地盯着学习成绩，多对象地进行比较，全方位地"侵入"孩子的世界……这是老师兼家长司空见惯的做法，就是因为可以借职业之便。

面对父母的全面入侵，本能使他自建起一道"防火墙"，将父母包括老师讲授的知识隔离在圈外，但自己又表现出非常认真的样子，就像课堂上他随时在应答，但其实什么也没听见。

这让我想起心理学家调查发现的一个结果：出现心理问题的孩子的父母的职业排名，第一位的是中小学教师，其次是公务员和医生，而中小学教师的数量远远大于其他任何行业。在我所做的咨询案例中也发现同样的问题，出现严重心理问题尤其是厌学或者辍学的孩子，很多人的父母是当老师的。

我一直在思考这个问题，身为老师却不会教育自己的孩子，用不当的教育方法让自己的孩子成长和生活在痛苦之中，到底是哪里出了问题。经过很多调查，我找出了若干种原因。今天，这个孩子的一句话"他们到底要成绩还是要儿子？"一下揪出了问题的实质，像重重的铁锤敲击着我的内心。

是啊，他们到底要成绩还是要儿子？成绩和儿子完全可以兼得呀，为什么非要对立？

当一个孩子掷地有声地发出这样的疑问，在父母心中把自己和成绩相提并论、权衡轻重的时候，他是多么的无助，他怎能不质疑父母对自己爱，怎能不质疑自己的价值，怎能不质疑自己在父母心中的位置？

教育的急功近利让许多作为老师的父母迷失了方向，不知道怎么做才是真正对孩子好，他们眼里只有成绩，恨不得所有学生的优点都集中到自己孩子身上，觉得自己的孩子就应该是班里最好的那一个，无论哪一方面暂时的落后，都会让他们着急。他们通常把自己管学生的那一套办法拿到家里来管自己的孩子，这本身角色定位就出了问题。父母就是妈妈，老师就是老师，在学校是老师，在家里必须是父母，两者不可混为一谈。

如果父母恰好是老师，而又对教育没有深刻的理解，不懂教育的方法和规律，只是搬运知识的教书匠，那么这对于自己的孩子来说，可能会不幸，自己的孩子很容易被打压到无助的深渊。

身为老师，不仅要懂教育，更应该学习教子之道，将家庭教育和学校教育有机结合起来，效果会更好一些。

③ 别让角色幻觉毁了孩子

否定和挖苦是摧毁天赋的杀手，而过度的赞美亦会让孩子迷失在虚构的角色中。特别是来自亲人师友的赞美，绕开了对天道酬勤的依赖，将努力勤奋排斥在荣耀之外，将"天赋""神童"等光环加在孩子头上，使孩子逐渐陷入虚荣的快感中，陷入角色幻觉中，而不能自拔。

不能否认，天才是存在的，甚至每一个人都有成为天才的因子，同时我们也必须承认，只有极少数人的智商是高于一般人的，但是，再高的智商也不能成为幸福人生的支撑，更不能成为其成长依赖。

欲戴皇冠，必承其重。

故事 "走火入魔"的天才少年

天才的桂冠金光灿烂，但必须笃信：有努力才有未来。

按照约定的时间，朋友把他的朋友带来了。因为孩子的问题，她从遥远的城市赶来。

这是一位看上去是很年轻时尚的妈妈，穿着打扮入时，举止大方得体，但是谦虚和礼貌的背后却藏不住那些焦虑和憔悴。

"我快让这个孩子愁死了，整天不想上学。他很聪明，就是不爱学习，你说该怎么办啊？"妈妈开口直奔主题，很急很躁。

"老师，你说有没有一个办法，让他认真上学不旷课。现在他一周旷课三天，我担心春节后他更不想去了，这可怎么办呢？"她的急促询问直接把我拉进主题。

"他从什么时候开始旷课的？"我问。

"高一下学期吧。"

她看了看孩子的爸爸，爸爸点了点头表示认可，她接着说："这个孩子很聪明，从小就玩着学，上初中前几乎没写过一次作业，但每次考试都是班级第一名。直到中考时，他很轻松地考上课改班（由被选拔出来提前一年上高中的孩子组成的班级），还是第一名。

"这种班里的孩子都是选拔出来的尖子生，都很聪明，他们就比谁更聪明。我儿子觉得自己是最聪明的，第一名嘛，所以课余时间一点儿也不学习，作业照样还是不做，回家就玩游戏，去学校就和同学谈论游戏，看谁玩得好，有时候也和班里的孩子一起玩。他认为'不死学还考得好才是聪明，笨蛋才整天趴着努力学习'。他们这几个孩子疯狂地玩，甚至上课也玩小玩意儿，被老师抓住，却拒不认错，反而觉得很光彩，还在同学们面前炫耀：自己上课都在玩儿，照样考得很好。同学们也觉得他很聪明，特别佩服他、崇拜他。他自己也觉得特别威风。

"刚开始的时候成绩很好，到期中考试还是第一名。那段时间，谁的话他也不听，非常膨胀，认为'老子天下第一，他们都是笨蛋'。

"又过了一段时间，春节前的月考那次，他考了第5名。当时他非常崩溃，回到家把试卷都撕碎了，哭了一个晚上。但是他第二天去上学，还是装作无所谓很开心的样子。那几个同学也都说他是'英雄失足，不计一时得失，笑到最后才是真英雄'。

"他信了，又一如既往地玩游戏、听音乐，周末出去疯玩。到高一期末考试，他考了第12名，回家趴到床上一声不吭，一天没出卧室，不吃饭不睡觉。和他一起玩的同学，有一个和他一样成绩不断下滑，其余几个都考得很好。后来，他发现那些同学可能是在偷偷学习，嘴上说不学，但暗地里用劲儿。因为每次老师检查作业上的内容，那几个同学都知道，而他不知道。有一次老师找他谈话也提到了这个意思，说××同学买了网课自学，还找了家庭教师。他回家就发火了，骂人家不够意思、不够朋友，耍花招欺骗他，骂班里的同学都是小人。

"从那以后，他不但不认真学习，还经常郁闷烦躁，说'笨熊才趴着学习，我甩手照样学得好'。但从那以后他开始做作业了。作业也是偶尔做，每次做的时候总是骂骂咧咧的，一边做一边抱怨，有时候做着做着就把本子撕了。

"高二下学期，他的成绩下降到20多名，老师找他谈话，他却非常不服气。但是看到那些同学的成绩就是比自己好，他就不想上学了，从那以后就断断续续地不去上学。有一次一个月没去上学，月考时，他的成绩反而上升了，考了第5名。其实，他很聪明，智商很高。这以后他愈发经常不去上学了。快到高考的时候，他死活不想参加了，说复读一年再考。我们坚决不同意，他爸爸火了，硬是把他送到考场，谁想到高考成绩出来，他考了0分！高考那几天谁也不知道他干什么去了。"

"你们知道他没有参加高考后，他怎么说？"我问。

"考完的时候，我们问他考得怎么样，他还说，只要他想考肯定考得好。他大概是怕考出来成绩不好就直接放弃了。我们猜想，大概是因为他觉得自己很聪明，又怕考不好，不愿承认自己考不上好大学的事实。

"现在去复读，第一次月考考了第二名。可是，他就是到处跑，三天两头不去上学。现在我们非常担心，如果他经常不去上学，万一学得不理想，他再放弃了明年高考怎么办。"

"现在你的困惑，或者说你想解决的问题是什么呢？"我给她倒了杯水，稍稍停顿了一下。

"我们就是想，有没有一个办法能让他按时上学。这个孩子很聪明，只要按时上课，他一定考不差。现在他能考630分左右，如果认真上学，明年考680分应该没有问题，就能上个好的大学。但是，他现在经常不上学，我都不知怎么办了。"她没有喝水，看上去很焦虑，只顾着说，两只眼紧紧盯着我，恨不得一下子得到一个办法，让儿子按时上学。

"从小到大，这个孩子被夸得最多的是什么？"我并没有着急回答也没有办法回答她的问题。

"聪明！这个孩子最大的长处就是聪明、智商很高，从小总是考第一名，亲戚朋友和老师都说他很聪明。不论是背书还是算题，他只要看几遍马上就会；棋艺也很高，手机、电脑玩得很溜，没有他不会的。我们全家人买来的新手机不会用，都是先找他，他一看就会。"她说这些的时候，脸上流露出掩饰不住的自豪。

"他都参加过什么样的兴趣班或者比赛活动？"

"没有参加过。他从小喜欢棋类活动，我们让他去学围棋，他不去，只是说万一输了很丢人，后来，让他学习什么他也不去，他都是自己学，只要他想学的他就学得很好。他从网上买来吉他，跟着网上教程自学，弹得很好。"她一脸疑惑地看着我，似乎说的这些与当前的问题毫无关系。

"他说'万一输了很丢人，所以他不去比赛，不去参加学习班'，是这样吗？"我重复她刚才的话。

"是的，这个孩子打胜仗不打败仗，一旦输了就不高兴，就再也不去了。"她点头答应着。

"你觉得他为什会这样呢？"我问。

"后来我和他爸爸揣摩，他大概认为自己很聪明，就不该输，输了就证明他不聪明了，所以他干脆不去。"她沉思了一会儿说。

"你的意思是，他从小经常被表扬，不去参加比赛是害怕万一输了，对不起他'聪明'的名声？"我轻声向她求证着。

"大概是吧！我们一夸别的孩子聪明，他就着急，他表示自己非要做得比别人好。"

"你是说他很在意他'聪明'的名声，为了维护他的'聪明'形象，他还会怎么做？"

"很多事他做好了但不说，等大家都说要做的时候，他就说自己已经做好了。比如，开学一发下书来，他就开始看。凡是要求背诵的课文，他就提前背，等老师要求背的时候，别的同学还没背，他早就背熟了，大家就都说他很聪明。还有，最近他舅舅刚买了一部新手机，他料定舅舅会问他怎么用，去姥姥家之前他就先从网上研究了，果然等舅舅问他，他一会儿就鼓捣好了，一家人就夸他聪明。"

"你的意思是说，他时时处处在用心来证明他的'聪明'，也就是说，他认为'不努力就做好了'才是聪明的，是吗？"

她点点头，陷入沉思。

"我们做错了吗？"她抬头看着我，又似乎是在自言自语地问自己，"是啊，他时刻在努力证明自己是聪明的：不做作业，回家不学习……是不是正是他在证明自己是聪明的手段？他认为这样做，考得高分才是应该的，扑下身子学习就不是聪明的？"

我的问话很简单，但在她诉说的过程中，问题的端倪渐渐浮出水面，她自己也慢慢厘清了，被点醒了。她若有所悟。

对她来说，可能还需要时间去消化，但她明白了问题不是一朝一夕造成的，也没有一个快刀斩乱麻的办法，需要全家人和孩子一起慢慢处理。

这分明是一个被表扬毁了的孩子，要改变他当下的行为，必须从根深蒂固的认知入手。

我们约好下周她带孩子一起过来做咨询。她的改变已经在进行中了，相信一切会好起来的。

奇点透视

"聪明累"与"角色疯狂症"

贪玩的孩子，却累倒在"聪明"中！

聪明是好事，但用错了地方，就会聪明反被聪明误。

这个孩子从小就被大家公认为"大聪明"，并不断得到表扬，"聪明"成为他的一个标签，他很享受这种被大人表扬、被同伴羡慕的感觉，于是努力让自己的行为符合这个标签，以不断得到这种夸奖和羡慕，甚至崇拜的奖赏。最终，他陷入"角色疯狂"而不能自拔，如同西毒欧阳锋走火入魔而不自知。

可悲的是，只是欧阳锋他自己不知道走火入魔，但周围的人一清二楚，而本案例的主角就不一样了，不光他自己不知道他已经走火入魔了，连导致其走火入魔的"元凶"——父母也不知道，甚至还在为孩子走火入魔"添砖加瓦"。

把事情做好而得到表扬是没有错的，但是在他成长的过程中，做好一件事，大家没有注意到他的付出而是关注到他的"聪明"，久而久之，他的内心里就形成一个观点：不付出努力就做好才是"聪明"。他会想尽办法让自己符合这个标准，去证明自己是"聪明"的。一直到初中，他的做法从没有失手过，等上了高中，他更想缔造自己"聪明"的形象，想让别人看到自己不学习却能考好的样子，加上同伴的鼓动，他坚信这样做是对的。即使考试成绩的下降已经证明了"不努力是学不好的"，但他仍然不想或者已经不能撕下这个"聪明"的标签，他要极力维护这个标签，并时刻都想从中得到被夸奖和羡慕的快感，他已经离不开这种感觉。

直到最后，他的成绩的确不好了，但他依然不想推翻他的观点，极力维护最后的"尊严"。高考的时候，他宁愿不去考试，也不肯用一个考得不好的成绩打碎他是"聪明"的面子，他想要的结果是"我没考试，并不是因为我考不上"。复读这一年，他依然在维护着这个标签，他不能和应届生一样学习，"那样多笨啊"，所以，经常不去上学才是维护他"聪明"的路子。

行为来自于认知，如果不改变他的这种认知，则无法改变他的行为。除此之外，他经常不上学，说明家庭规矩是缺乏的，原则是不清晰的。

表扬"聪明"不表扬勤奋，加上溺爱没有规矩，基本就足以导致他今天的现状。观念已经形成，改变需要时间、参悟和机缘，只希望给还在重蹈覆辙的父母们警醒：努力拼搏从来都是智商与聪敏的必由之路，教育孩子认识到这个简单的道理并努力做到，才是清醒和智慧的。

④ 不可思议的言行背后

孩子是有心情糟糕权的。

孩子的世界是精彩的，更是敏感的。

一个眼神的触动，可能让他们日思夜想；一次意外的挫败，可能让他们久久走不出阴影。而他们的许多喜怒哀乐，又常常是不被父母所知的。

睿智的父母，都是允许孩子心情糟糕而不妄加干预，更不会认为孩子不正常而给他们贴上"有病"的标签。

故事

假作真时真亦假

子非孩，焉知孩之乐？

这是一个瘦弱的小姑娘，白净，高挑，说话声音很低，进到咨询室，坐好之后第一句话就是"老师，我得了抑郁症。"眼泪随着话吧嗒吧嗒滴到衣服上。

"哦？谁告诉你得了抑郁症的？"我有些诧异。

"我去北京××医院检查的。"直觉告诉我，她应该是一个健康的孩子，可是她亮出的这一证据太权威了，我只能怀疑自己的判断。

"多长时间了？"

"快四年了。我觉得活着没有意思，整天很郁闷，很累，抑郁程度一段时间强一段时间弱。最近模拟考试成绩刚刚出来，我考得不好，郁闷得不行。我知道抑郁症的自杀率很高，可我不想就这样死去啊。"她话语嘤嘤、泪眼婆娑，看上去是那么可爱，我怎么也感觉不到抑郁的气息，于是对 ×× 医院的检查结果产生了质疑，这样一个孩子是怎么被诊断为抑郁症的呢？

"你能详细说说当时去医院检查的情况吗？"

"那是初三毕业的暑假，我考得很不好，本来可以考上重点高中的，结果只考了个一般的高中。整个暑假我的心情特别糟糕，在家里什么也不想干，每天总是不自觉地流泪。爸爸妈妈让很多亲戚朋友帮忙来安慰我，可是，别人不说还好，一提到高中，我就哭得更厉害了。后来，在北京的堂姐知道了，让妈妈带我去查一查，是不是精神方面不太好了。

"我和妈妈去了北京，住在堂姐家，她家房子小人多，很不方便。去医院挂号排队等了两天半，好不容易轮到我，那个大夫没问几句话，就让我先去做个量表检测。妈妈陪我去了另一个房间，很快做了三个量表。结果出来了，帮我做量表的大夫说：抑郁值这么高啊，重度抑郁值！拿去给刚才的大夫看看吧。

"当时，我的心一下子就感觉空空的，我看到妈妈的脚步也沉重了，我们回到刚才诊断的大夫那里，那里人很多，都在排队，他扫了一眼报告说，明天再来做咨询吧。

"可是，排队实在太煎熬了。在堂姐家没法久住，反正结果就是抑郁症，也没有别的，妈妈和堂姐商量后，决定还是回老家。

"回家以后，我的脾气很暴躁，一听到父母说什么不称心的话，我就会发火，还躲进自己的房间里哭。为了让我开心一点儿，妈妈告诉所有亲人，说我得了抑郁症，请大家迁就着，从那以后，家里人都很让着我。妈妈也和老师说了，同学们也都知道，他们也都让着我。

"但是，我总是没办法快乐起来，总感觉忧伤时刻在包围着我，我逃不出来。"

"这几年，你又看过心理医生吗？"我的问题来了，感觉答案也就要来了。

"没有。妈妈说，北京这么知名的医院都诊断了，不用再看医生了，平时注意一下就好。刚回来时，吃了一点儿药，效果不是很好，后来妈妈坚持不让我吃药了。妈妈经常上网查一些抑郁病人的注意事项，好精心照顾我。"她抬起头看着我，泪眼汪汪的。

"这种情况伴随你好几年的时间了，今天你是怎么想起来找心理老师的呢？"我好奇她的自我觉察。

"这些天，我感觉受不了了，太累了。考试成绩很差，我已经很努力了，可是就是不见成绩提高，我不敢跟父母说，因为他们总是说'无所谓'，考得怎么样都行。但是我能感觉到他们的失望，他们对我百依百顺，可是我一无是处，我觉得自己什么都做不好。他们越是对我好，我就越难受。我讨厌我自己，更讨厌的是那个最近我经常想起那个男生。"她顿了顿，接着说，"他已经上大学了，我们好几年没联系了。春节后，他突然发来一条信息问我的情况，我决定不理他，他也就没再发信息。可是，现在我经常想起他，一想起来就学不进去，我努力不让自己去想，可是我无法控制自己。"她哭得更厉害了。

"他是谁？"我断定这个人与她的情绪是有很大关系的。

"就是初中毕业时分手的男朋友。我们在一起两年多，关系特别好，我很喜欢他。他人好、学习好、人缘好，哪儿哪儿都好，可是就在要毕业的时候，另一个女生把他抢走了，他自己还不承认。他说是他主动和我分开的，他要好好学习。他在撒谎，但是我就这样被'甩'

了，就是那个假期，我整个人都要疯了，整天在家里哭，但是我没敢告诉家里人，他们都认为我是因为没考上重点高中而哭的。"

"就是那时，妈妈带你去北京看心理医生的？"

"是的，我也知道，当时我的心情那么糟糕，中考失利只是一个方面，甚至就是个借口，他提出分手才是最重要的原因。可是，我没敢说，害怕爸妈骂我。我知道失恋会让有的人抑郁，甚至自杀，更没想到竟然让我真的就得了抑郁症。"

我笑了，"你不是抑郁症。"

她突然不哭了，瞪大眼睛看着我。

"可医院就是这么诊断的，我从网上查的各种症状也都对号。"

她的表情好可爱：吃惊、诧异、窃喜、疑惑、渴望……这些像流云一样在她稚嫩的脸上闪过。

"老师，你能确定？我不是抑郁症？"她说，"其实，我也怀疑过，我应该不是抑郁症。这么多年了，我怎么还没自杀呢？如果真的是抑郁症的话，我是不是早就死了？"

直觉告诉我，这是一个被阴差阳错贴了抑郁症标签的孩子，撕掉标签就会将她从抑郁的泥潭里拉出来。

第一次聊完之后，她说："太轻松了，原来我还可以轻松愉快起来啊。"她很陶醉地深深地吸了口气，接着说："好久没有这样晴朗的天了。"说完举起双臂，做出呼喊的样子。

咨询很顺利，时间用了三个月左右，她基本摆脱了抑郁的影子，活出了周围都不认识而本该就是她自己的样子。

三人成虎，一人成疾："罗森塔尔效应"的另类解读

这简直就是著名心理学家罗森塔尔实验的现实版，不过，罗森塔尔效应是正向激励，本案例却是负向激励。

心理学上有个著名的实验：1968 年的一天，美国心理学家罗森塔尔和助手们来到一所小学，说要进行 7 项实验。他们从一至六年级各选了 3 个班，对这 18 个班的学生进行了"未来发展趋势测验"。之后，罗森塔尔以赞许的口吻将一份"最有发展前途者"的名单交给了校长和相关老师，并叮嘱他们务必要保密，以免影响实验的正确性。其实，罗森塔尔撒了一个"权威性谎言"，因为名单上的学生是随机挑选出来的。8 个月后，罗森塔尔和助手们对那 18 个班级的学生进行复试，结果奇迹出现了：凡是上了名单的学生，个个成绩有了较大的进步，且性格活泼开朗，自信心强，求知欲旺盛，更乐于和别人打交道。

显然，罗森塔尔的"权威性谎言"发挥了作用。这个谎言对老师产生了暗示，左右了老师对名单上的学生的能力的评价，而老师又将自己的这一心理活动通过自己的情感、语言和行为传染给学生，使学生变得更加自尊、自爱、自信、自强，从而使各方面得到了异乎寻常的进步。

这些孩子的良好发展并不是取决于先天条件，而是因为他人的认可和良好的期许，这种认可和期许便是贴在孩子身上的标签。

被贴了标签的孩子就会按照标签描述的那样去成长，就像罗森

塔尔实验中的孩子，他们被贴了"将来必有成就"的标签，于是这些孩子就朝着"有成就"的方向成长，他们会用"有成就"的标准要求自己，一旦有偏差，立刻提醒自己回来。

罗森塔尔效应在心理学界、教育界广为人知，无独有偶，在中国流传甚广的成语"三人成虎"也有着异曲同工之妙。成语故事无须赘述，但给我们带来的警示却振聋发聩：父母、老师的评价语言具有很强的"命运赐予"效应。

孩子都是在跌跌撞撞中长大的，允许他们犯错，允许他们适当叛逆，甚至允许他们情绪"不正常"，这才是教育的智慧，而不是动不动拿情绪说事儿。

子非孩，焉知孩之乐？

回头看本案例，情况就很清楚啦。

她因为恋爱分手，非常痛苦，再加上中考受到影响没考到重点高中，两件事情让她痛苦、郁闷，又不敢告诉家长真相。在这种情况下，家长带去看病做测试，结果肯定是糟糕的。接下来情节就更巧合了：心理医生让她做测评量表，这是正常测评，但她当时的状况下抑郁值一定是高的，因为她正在经历分手和考试失利的双重打击。高就高吧，正常情况下，"患者"或许是不懂那个数字的，可那个做测评的人多说了句话"抑郁值这么高啊！重度抑郁值。"他这么说也不要紧，仅仅是量表数字而已，等心理医生的权威诊断就会明确了，巧的是她又因为排队不容易，没再等心理医生诊断，听了一句"重度抑郁"就断定是抑郁症，然后就回家了，标签就这样贴上了。更可怕的是，回到家后，所有人都把她当作抑郁症病人对待，妈妈不仅告诉家里人要迁就她，还告诉学校老师和同学们，这无疑是对她是抑郁症的强化。经过这一番强化，抑郁症的标签便贴得更牢了，她不真抑郁才怪呢！

被贴了抑郁症的标签，她就生活在抑郁中了，抑郁像浓浓的阴霾严密地包裹着她，无论她做什么事都在这团阴霾中，即使有快乐，也还在抑郁的阴霾包裹中，抑郁成了她心情的背景音，成了她情绪的基调。在这种标签的规则中，她认为自己不快乐、郁闷是正常的，如果偶尔有些事让她感到快乐、开心，她会立刻意识到这不该是她的状态，她不该如此快乐、开心，于是立刻又返回到她的郁闷中，认为只有这样才是正常的——因为她是抑郁症患者，就应该是郁闷的。从那以后的四年里，她的所有言行都在极力维护着"抑郁症"的标签。

抑郁症就像一个套子牢牢地把她套住，她怎么也无法逃出来了。因为一旦离开这种状态，她自己都会感到失衡，必须迅速回到这种抑郁的状态中，她才安心。慢慢地，她把抑郁认同为自己的身份，为了"维护"这种身份不被分裂，她会努力把抑郁的各种症状牢牢地套在自己身上。

一个人认同什么便会成为什么，这有点儿就像葫芦在成长的过程中，给它套上一个什么样的模具，它就会长成什么样子。可惜，她被贴的是不该贴的标签，差点儿长成一个歪葫芦。

5　意志都去哪儿了？它沦陷在讨好型人格里

每一个学困生的背后，都有一大串无可奈何的故事。

不管是苦口婆心的教育，还是心灵鸡汤的激励，抑或是软硬兼施招数用尽，学生表态了，甚至发誓了，也努力拼搏了，但结果却收效甚微。

这就是通常意义上的学困生。面对他们，焦虑、愁闷、失望，甚至无望成为父母的"常态"。

学困生是怎样炼成的？

如同学习困难的表现多种多样，学困生的成因也纷繁复杂。

其中，"讨好"是造成学困的主要原因之一。

主动展示孩子的各种优点，是很多父母潜意识中讨好孩子的表现，呈现的优点越多，孩子受到的肯定也就越多，这样的"良性循环"不断压榨着主体意志的空间，学习就可能成为孩子不得已而为之的"事情"。

除了学习什么都好的孩子

如果孩子染上"赞美上瘾症"，那他的成长过程很可能会走向父母愿望的反面。

"我家孩子除了学习什么都好。"一天的饭局上，我听到他这么说，今天坐在我斜对面的她也在这么说。

他和她是夫妻，他们的孩子今年上高三，听说是一个高大又肥胖的男生。

今天她来是因为孩子学习很努力但成绩很差，马上要高考了，他们不知道该怎么帮助他。

她一进门我就感觉到她的着急了：风风火火，坐立不安。

我给她倒了一杯水，稍稍停了片刻，等她喘气均匀了，我问："想说点什么呢？"

"我儿子现在学习很认真，也很努力，但就是成绩很差。老师都说他已经很努力了。在家里，只要我们看到他，他就在那里趴着学习，但成绩就是不见提高，我们觉得他是不是方法不对？或者效率太低？快要高考了，你说该怎么办啊？"她开口直奔主题。

"你对儿子的学习不太满意，觉得他的付出和收获不成比例，是这样吗？"我问。

"是啊！看着他很努力，可是成绩就是不行。他自己也说已经很努力了。"她皱着眉，似乎在努力寻找答案。

"他对自己的学习状态和成绩感觉怎么样？"

"他好像没什么感觉，只是经常说自己已经很努力了，至于成绩，对于他来说，怎么样都行。这个孩子是个很开朗的孩子，很豁达也很乐观，即便成绩差了也从来不会伤心难过，不会有太大压力，看起来很轻松的样子。我怎么觉得他学习不是主动的，好像是学给我们看的。"她开始思考。

"您刚才说，除了学习，这个孩子什么都好？"

"是的。除了学习成绩差点儿，这个孩子从小就是周围孩子的榜样，是标杆，亲戚朋友都夸他懂事、听话、有礼貌，是大人们表扬的对象，也是大人要求孩子们学习的榜样。他很有礼貌，无论见到谁都打招呼，院里的奶奶们经常教育身边的孙子孙女说'这个哥哥很懂事，很有礼貌，要向哥哥学习。'邻居的孩子们也都跟他学得有礼貌了。在学校，他经常帮老师干这干那的，老师们也经常表扬他。最近他的语文老师见了我说'你是怎么教育孩子的，这么听话。'我们也很满意，反正他就是很让人省心，从来不让大人操心。在家里，他会做饭、洗衣服、打扫卫生，样样都行。"她很自豪地说着。

"您说他很让人省心，从来不让人费心？"我重复她刚才的话。

"其实，对这个孩子的教育，到现在为止我们也很后悔。他从小跟姥姥长大，我生了他后奶水不足，刚出满月就把他送到我妈家，产假休了三个月我就上班了。我妈是退休老师，对他很上心，教育也很严格，从小懂礼貌就是我妈教育的。我们对我妈的教育很放心，加上我俩单位忙又顾不上，只能每周回家看他一次，有时候一个月才回家看一次。到他上小学就接回来了，可是没有专人给上门带孩子了，这个孩子就成了散养户，自己带着家里的钥匙，每天放学在大院里玩到没有小朋友了才回家。我们回来得晚，他从来不做作业。有一次开家长会，我问老师才知道每天都有家庭作业，但是因为我顾不上，他自己也就胡乱写点，有时也不写。但是，他从来没告诉过我们因为作业被老师批评过，我们也就没当回事儿。

"到了六年级，他英语老师是我同学，一次开家长会，我同学说'你不能只顾忙工作，把孩子耽误了。'我突然意识到问题了，觉得成绩差，得补补，于是我就请了老师给他补课，这才发现，小学的很多知识，他几乎没学，英语单词没记住几个，默写起来一片空白。我慌了，下决心管住他，下狠心盯着他，陪着他做作业。我看着他一个一个地背英语单词，甚至我和他一起背。经过一年多的干预，他的成绩升到了班级前五名，到了八年级就基本稳住了，然后顺利考上了高中，我们也很欣喜。想想这五年，为了他，我付出的实在太多。"

她说着说着眼圈红了，眼泪悄然流下。

"但是，现在快要高考了，我们觉得他压力很大，也不再死死盯着他了，偶尔问他学习的事，他总是说很好，考完试也不说成绩。有一次他考得很差，数学考了 47 分，我们知道了，问他，他说没想到自己考得那么糟糕，其实那些题目都会。拿出试卷来分析，他的理由非常充分，总之就是他本来可以考得很好，但是外界的种种因素让他没考好。听起来也对，他也很努力，但是我们就是觉得他不应该考这么个成绩。"

"如果用 0 ～ 10 分来表示，您觉得你了解他几分？"我笑了笑问。

"也就是 6 分吧。"她想了想说。

"其实，他从不和我们说心里话，说的都是面上的话，比如他很好，他很努力学习，成绩考得不好是有原因的，他能改过来等等。我们再问，他就不说了。按照您说的沟通的五个层次：打招呼、讲事实、说观点、谈感受、敞开心扉，我们的沟通就停留在打招呼这个层次上。"

"您的意思是，你们很少深入地交流？"

"是的，他从来不和我们说心里话，说的都是'他很好，他能行'。我就感觉他在装，他很能装。"她终于找到一个可以表达她意

116

思的词——"装"，狠狠地说出来，她似乎轻松多了。

"对了，就是装，感觉他处处在装。"她一再强调这个词，也是在核实她的内心的想法。

我在纸上画了一个圆代表自我，一个大大的三角形代表高考，还有围绕着的一些圆分别代表父母、老师、亲戚、朋友、同学、伙伴等等，从代表"自我"的圆边画了一个大箭头指向代表"高考"的三角形，一个更大的箭头反指回来，用一些较小的箭头从"自我"分别指向那些小圆。

画完，我说箭头代表的是力量。没等我说完，她立刻拼命点头，说："老师，你说得太对了，他就是这样的，我感觉他的力量没有全在应付高考上，大部分是在应付周围上。他会对周围所有的人都表现得很光鲜，但是他自己内心到底怎么样，我们根本不知道。"她越说越激动，"就是这样，我说不出来，但是我感受的就是这样，我们总是隔着一层，而且很远。他自己好像也从来没有袒露过真实的自己，展现给别人的总是好的。"

"看这个力量图，你感觉到了什么？"我问。

"我感觉他很累。这个'自我'只有出的力量，却没有进的力量。也就是说，他一直在努力应付着周围的一切，却很少滋养自己。我们也滋养不到他。他不打开自己，他始终把自己包裹得很严。我们该怎么办呢？"

"为什么他一直会努力向别人表现出他好的一面呢？"我若有所思地问。

"别人都说他好啊！所有的人都说他好，他可能觉得自己不能不好。是啊，越说他懂礼貌，他就越懂礼貌；越说他懂事，他就越懂事。是不是越说他除了学习不好什么都好，他就越这样呢？"

她陷入了沉思。

"看上去他学习很努力，但是有几次，我们发现他半夜不睡觉，其实是在玩手机。当我们看着他的时候，他在学习，等我们睡着了，他就玩手机，所以他是在装，装给我们看。怪不得，学习效率不高，他不是真心学习，只是摆个样子让我们知道他很努力而已。这该怎么办呢？"她似乎恍然大悟。

我直接说："哪里系扣哪里解。"

"您的意思是我们以后不能总是表扬他哪里都好，应该让他表现出自己该有的样子？"她悟性很高，一下子抓到了问题的本质。

"同时，和他交流要走心，要深入到他的感受部分，而不是泛泛而谈，更不是只讲道理。先这样做做试试吧。"我最后总结道。

她很开心地答应了，长长地舒了一口气，如释重负地直了直身子。

奇点透视

当家教挤占了独立意志的位置

独立意志，是奋发图强的力量之源。一个人独立意志的培养，比"好成绩"和"乖孩子"的标签重要得多。没有坚强的意志，一切优点都可能靠不住。

讨好型人格，是培养独立意志的天敌。

这是一个"听话"的孩子，也是一个按照大人的"话"成长起来的孩子。因为从小不在妈妈身边，陪伴自己的是严厉的姥姥，他从小就学会了乖巧，学会了讨好，而他的乖巧和讨好又在亲戚朋友的夸赞中不断得到强化，他从中不断得到满足感和荣耀感，于是他认同了这种生存模式，总是努力把自己最好的一面表现出来，以求得表扬，而自己的真实感受却常常被忽略或者被压抑，久而久之，他的"自我"越来越没有立足之地。他要通过讨好型的表现让自己获得表扬，来维持自己内心的满足，这其实是把自己的价值建立在别人美好的评价之上，从而形成一个假"自我"，也就是他的妈妈感受到的"装"。

他从小没有吃母乳，妈妈又不在身边，所以，他没有和妈妈建立起很好的依恋关系。他生命中的重要他人，第一位应该是他的姥姥。人生的前六年，这最重要的时期，却是在严厉的姥姥的管教下度过的，姥姥不仅严厉而且善用"炫耀式"教育，让他养成了"讨好的"沟通模式，用自己的"懂事""乖巧"讨得姥姥欢喜和周围人们的夸赞表扬。他从小远离妈妈，和妈妈缺乏亲密感，两心疏远，正像他的妈妈说的，"永远走不进他的内心，不知道他在想什么。"其实，不仅妈妈不知道，过多的讨好和表现使得他为自己准备了厚厚的面具，而长时间生活在面具后面，他的内心被严实地包裹起来，连他自己都很难敞开，很难感受到真实的自己，于是，他离真实的自己越来越远。

在这种教养模式下，一个有着强大的假"自我"的孩子成长起来了，他以光鲜亮丽的一面示人，认为自己活着的全部意义就是要让周围所有的人都说他是好孩子。他努力学习的样子也不过是做给父母看的，如他自己说的：我已经很努力了。言外之意：考不好不是他的事儿。他更在意别人对他的学习态度的评价，而不是学习的结果——成绩和分数。在他的心里，一个努力学习的好孩子比什么都重要，因为随时都会得到赞赏和肯定，这些是撑起他自信的主要力量，但他的内心仍然是空的，独立意志没有得到培养，行为动机不在生命的内部。行为和与内心的分裂，会给他造成一生的痛苦，而他可能永远都不知道痛苦的症结在哪里。

第四章

被吓大的孩子，
从此轻装上阵。

焦虑、烦躁、头疼、疲倦……这些身心症状，
让多少曾经的高才生变成差生？

① “好孩子”的罪与罚

如果说哪一种教养方式，让孩子在成长的历程中会感到痛苦，那么，我们可以肯定，天下所有的父母都不会选择这样做。

比如，界定孩子好与坏的权力成为父母的特权。

令人心痛的是，还是有很多孩子作出了这样的牺牲。而在这种桎梏下成长为“好孩子”的，也有很多案例，但并不是所有的孩子都像他一样幸运和有悟性，可以走出痛苦。那些“坏孩子”的孩子，可能还在痛苦地努力扮演着别人喜欢的角色。

想和世界决裂的男孩

威胁式的教养方式，是父母欠孩子的心灵债务。

那一次心理课的内容是“认识自我”，目的是让处于青春期的孩子对自己有一个正确的评价和认知，这是建立自我形象和良好人际关系的基础。

他是上完课第二天来我办公室的，一米八的个子，平头正脑，很干净也很儒雅，一看就是个大人眼中的“好孩子”。

果然，他的话印证了我的判断。他说：“老师，我作了一个决定。"说到这里，他看了看我，两手交叉，咂了咂嘴，下定决心似的接着说，"我不要再当好孩子了。"

我知道，我们对"好孩子"的理解，就是听话、乖巧、懂事、学习认真、成绩好、人见人爱花见花开的那种"别人家的孩子"。

每个孩子在成长的道路上都痛恨"别人家的孩子"，但是内心又都渴望成为"别人家的孩子"。他为什么就不想做这样的好孩子了呢？

"有这个想法已经很久了，别人都说我多么优秀、多么懂事、多么有礼貌、多么宽容大度，其实他们看到的只是表面，那都是我装出来的，我内心并不是这个样子。我也很想由着自己的性格，很想不在乎别人的感受，很想随便发火，甚至想哭想骂人，生气的时候想摔东西……可是我不能，因为这不符合我的形象，每次都使劲儿压抑自己装作不在乎、装作不生气。但是，我感觉越来越累，感觉每天都有两个自我在撕扯，一个想率性地展现自己，一个拼命地压制着，一会儿左一会儿右，我快要疯了。

"现在，每当大人们夸我优秀、懂事的时候，这种撕扯的感觉就特别强烈，那感觉让我直想吐。很多时候，我甚至想大喊：'我并不优秀，那是我装的。'"

他说的这些，其实是很多"好孩子"的心声，是埋藏在他们内心深处的声音。如果碰上不懂的人，他们可能会埋藏一辈子，也就是他们必须装一辈子，与自己撕扯一辈子。

"那你喜欢现在的自己吗？"我问他。

"老师，一个人只为喜欢活着吗？我现在的样子，也许受很多人喜欢，也可以不夸张地说：人见人爱。但是我很痛苦，而且这种痛苦在我自己的内心里谁都不知道，只有我自己知道我是痛苦的。"

他的倾诉一针见血，也看得出，他的内心还有一个自己本该有的样子。可是，他怎么活成现在这个样子了呢？

"你说很多人喜欢你现在的样子，你觉得谁最喜欢？"

"当然是我妈妈，她总是以我为骄傲。从小，别人夸我懂事，我妈妈就特别开心，尤其是在单位大院里我就是所有小朋友的榜样，因此我也不能做一点不好的事情。比如，别的小朋友可以放学先玩一会儿再做作业，我绝对不可以；别的小朋友可以晚回家，我绝对不可以；出去吃饭，别的小朋友可以点自己喜欢的菜，我只能吃别人点的；别的小朋友可以先吃，我必须等大人们全都到齐。

"有一次，我们几个家庭出去旅游，有个阿姨肚子疼去了厕所，很久还不回来，其他小朋友早就吃开了，我实在饿了，拿了一只虾，刚拿起来，就看到妈妈恶狠狠地盯着我。直到现在，那眼神儿还让我感到害怕。当时，我不敢吃也不敢放下，另一位阿姨没看见这一幕，还在夸我懂事。妈妈一边笑着寒暄，一边偷偷夺过虾来放到桌子上。"

"你是说，你很害怕妈妈？"我问。

"是的，她对我要求很严格。妈妈身体不好，我从小在奶奶家长大，和婶婶住在一起。婶婶是个爱抱怨的人，我从小就尽量表现得好一点儿，不惹婶婶生气，不让奶奶为难。上小学时搬回到自己家，性格要强的妈妈对我各方面要求都很严。开始的时候我不习惯，和她吵，可是爸爸说她身体不好不能生气，可能是心脏方面的问题。我很害怕，就再也不敢顶嘴了，全听她的，只要她高兴就好。我发现只要别人夸我的时候，她就特别高兴。"

我大概明白了，问道："为了让妈妈高兴，你就按照她的要求和别人喜欢的样子去做，是这样吗？"

"是的，说到这里，我似乎明白了，我活的不是我原本的样子，而是他们喜欢的样子。也就是说，我是按照他们的标准塑造了另一个我。"

他很聪明，也很幽默，关键是有很高的悟性。

"我感觉你自己已经找到了问题的症结，那你有什么打算呢？"我问。

"我明白了，来之前我只是觉得我要去反抗，不要再委屈压抑自己，好像要来争取点支持来和世界决裂，准备破坏掉自己的这个形象，率性地做真正的自己。现在我明白了，不是这种形象不好，只是我没必要去压抑自己，我要按照自己的标准重新活出自己，而不是一味地看他们的眼色。"他一下子找到了问题的实质症结，并迅速地把握住。

"那你还会继续做好孩子吗？"我故意打趣他。

"其实，也许我会做得更好，因为我对自己的要求也很高，只是，我现在不想为别人的标准而活，我要活出我自己。"他暗暗攥起拳头。

他是一个悟性很高的孩子，通过几个简单问题的引导，他便发现了问题所在："我活的不是真正的我，而是他们喜欢的样子。也就是说，我是按照他们的标准塑造了另一个我。"

奇点透视
"假我"的苦与痛

一个人的自我价值如果建立在别人的看法之上，其实就是没有自我，或者说建立了一个"假自我"。"假自我"的人是非常痛苦的。首先，他们衡量自己的价值是以别人的评判为标准，同时，他们在与别人交往的过程中也是讨好型的人格。所以，像他说的，他很累、很分裂，感觉自己内心还有一个真实的自我在撕扯。

为什么会这样呢？通过刚才他的诉说，答案已经很明确。

第一，他从小生活在奶奶家里，本身不在妈妈身边，又有婶婶的抱怨，让他有寄人篱下的感觉，于是他百般讨好才能换来安宁，所以，他从小养成看别人眼色行事的习惯，也就是按照别人的标准来要求自己。

第二，妈妈身体不好，害怕惹妈妈生气以及妈妈过于严格的管教方式，使得他从小不敢反抗，不能表现和张扬自己，只能按照妈妈的要求成长。

第三，妈妈的要强和虚荣心作祟，也是他努力表现自己的原因。只有自己表现好了，妈妈才高兴。而且善于察言观色的他，发现妈妈在同事中以他的优秀懂事为骄傲，非常满足于同事的羡慕和夸奖，他便竭尽所能地去表现得更好。

第四，威胁式的教养方式使他屡屡屈从于别人。威胁是对孩子的道德压制，是父母欠孩子的心灵之债，其实质是孩子以内心自残的方式屈服于管教者，这不是帮孩子成长，而是压制。

以上这些，足够帮助他建立起一个"假自我"，也就是让他活在别人的标准里，活在别人的喜好里，从而痛苦不堪。

② 救回被凌迟的自信与尊严

一个人，如果自我不够强大，便缺少自信和安全感，会时常处于恐惧和担忧中，而生存的本能让他极力想减轻这些不舒适，就总想拼命抓住些什么，努力控制些什么，于是，孩子便成为首要的猎物。

当爱的通道被阻断，孩子的伤痛便是父母对自己旧有伤口的撕裂，一时扰动生命的原力，那一刻，对孩子的态度便是残忍的凌迟！

我们实在不忍将两个字用在父母身上，但是，一幕幕悲剧，使得我不得不'冒天下之大不韪'，勇敢地说：有的父母真的是残暴至极！

挣扎在权力的魔兽世界里

"权力的魔兽"，经常是被以爱的名义实施的

冥想引导：两只脚踩到地面上，去感觉自己身体的存在，体验踏实的感觉；慢慢地将目光放远，仿佛看到你小时候的样子，他（她）像天使一样向你走来，那蹒跚的脚步是世间最美的舞蹈，水汪汪的眼睛望着你，他（她）的眼睛是那么的清澈明亮，咿咿呀呀地

挥舞着小手……

做完冥想训练，一学员分享说，她的双腿膝关节以下是冰凉的，感觉两只脚根本踩不到地面上，下面是空的，似乎有一个很大很大的空洞。她对这种空洞充满了恐惧，冰凉的感觉从两脚往上延伸，致使双腿发抖，感觉自己就要掉下去了。

"当出现孩子眼睛的时候，我看到的孩子的眼睛不是水汪汪的，也不是温润的，不知道怎么了，那双眼睛让我感到非常害怕，那黑黑的眼球，就像一个无底的洞穴，好像要把我吸进去！我浑身发紧、发冷，心脏像被揪住了一样，很堵。其实在生活中与别人交流时，我一直不敢正视对方，一看到别人的眼睛就会很害怕。"

从眼睛入手，开始疏通！

"请你看着我的眼睛，就这样保持对视，你的感觉是什么？"

"我害怕，我的心脏跳动得很快！并且我很冷！"

"请你继续看着，盯着我的眼睛，你看到了什么？想到了什么？"我继续引导。

"眼睛里的光让我感觉很冷、很紧张，我的心到这儿了。"她指着自己的咽喉部位眼泪哗哗地流下来，"我快不能呼吸了，我看到了我的爸爸，那是我爸爸的眼神。

"那就是我爸爸的眼！五年级的时候，我不小心打碎了家里的花瓶，那只花瓶是我爷爷留下来的，听说是上好的景德瓷，全家都当作宝贝，爸爸更是珍视。我是去拿书包的时候，书包带子钩住了瓶子，我却不知道，我一用力，瓶子掉在地上碎了。我虽然不是故意的，但当时我就害怕了。爸爸跑进屋里，看到破碎的花瓶，回头恶狠狠地瞪着蜷缩在一边的我，大声叫着。就那时那刻，他的眼神那么凶狠、那么无情、那么恐怖，我吓得大哭起来。可是，他仍然瞪着眼朝我大声吼着：天天冒冒失失，你还有脸哭！

"我没有脸了！在那恐惧的眼睛中，我无地自容，无力自拔，只有无边的恐惧在吞噬我！"

她边说边呜呜地哭泣……

在已经受到惊吓的孩子面前，爸爸恶狠狠的眼神和大声吼叫，无疑像一把利刀，深深刺进孩子的心灵，一直影响着她的一生。

被象征权威的爸爸用爱的名义深深伤害的孩子何止她一个？无独有偶，曾经一个高三的学生被其班主任老师介绍来到咨询室，原因是这个孩子经常在教室里哭泣，而且无缘无故，还不让别人劝说，并告诉自己的朋友不要靠近自己，因为自己情绪很负面，害怕影响了朋友。

这是一个很懂事、学习也很用功、成绩较好、长得白白净净的女学生。当她伸出胳膊时，我看到了割腕后又愈合的疤痕。她说自己好多次不想活了，因为怎么做也无法让爸爸满意。在她的记忆中，爸爸总是对她发脾气。八年级那年，她喝下安眠药想轻生，后被送到医院急救，醒来时，她先看到的是爸爸的脸，可是迷迷糊糊中，爸爸一巴掌就扇在自己脸上。

"那一刻，我一滴眼泪也没有，只是冷冷地歪过头，呆呆地看着坐在床边哭泣的妈妈和一大堆亲戚，我感觉真是连再次去死的力气都没有了。从那以后，我的心都死了，整个人变得麻木、冷漠。

"可是，这两年，就是从去年开始，不知道为什么，眼泪经常止不住地流，也不喜欢和任何人交往，只想一个人待着。"

当年在医院病床旁焦急等待的爸爸，面对死而复生的孩子，挥出的那一巴掌是残忍的，也是愤怒的，可这一巴掌带给孩子的又是什么呢？那一刻，孩子更需要的又是什么呢？

奇点透视

孩子与情绪宣泄品

　　前面那个学员提到的：她父亲的一个眼神在她幼小的心灵里种下一道伤疤，从此，她不敢直视别人的眼睛。眼睛带来的巨大的恐惧在她身上携带了二十多年，并且不断泛化，还影响到她的正常人际交往。二十多年里，她只是苦恼于恐惧，却从来不知道为什么。

　　一个深植于内心的伤害是不容易被发现的。相反，因为来自重要他人，作为一种防御，这个伤害更容易被不自觉地压抑下去，压抑的结果就是伤害在黑暗里不断发酵，导致不仅害怕那个眼神，还会产生莫名的恐惧。

　　她就这样带着这个伤害、这份恐惧，直到去年生完小孩后，几乎要抑郁了，感觉自己不是一个好妈妈，才走进"父母成长工作坊来"做自我疗愈。

　　也许你会说，当年爸爸批评她，不是为了她好吗？让她长记性，以后做事要小心，不要冒冒失失。但"为了她好"的方式出了问题，让孩子记住的不是改错，而是一生的恐惧。

　　那不是真爱！那是一种无法控制的发泄！那是一种连父母自己都搞不清楚的一种复杂的情绪，当这种情绪宣泄在孩子身上的时候，伴随父母的也许是悔恨、自责和内疚，直到看到孩子的痛苦，清醒过来的父母常常后悔。但在当时，这种恶狠狠的力量恰恰来自情景中的父母自身：是父母心灵深处久久携带着的"敞开的伤口"被撕裂了的一种痛的传递。

　　不管这两位父亲有多少理由掩盖自己当时的暴行，也改变不了事情的真相。

那一刻，孩子已经不是一个独立的人，而是父母施暴的宣泄品。

面对自己内在伤口的撕裂，一时间，父母变成魔鬼，且那种不能自控的施暴行为，也继续将魔鬼的种子播种进孩子的内心，代代传递下去。

呈现在当下的后果，便是输送爱的通道的隔断，是孩子身与心的分裂，是紧紧包裹住孩子的恐惧、厌恶、无奈的铁套子，是对一个幼小心灵的毁灭！

当孩子犯了一个错误自己倍感恐惧的时候，当孩子从死亡的边缘挣扎回来时，她需要爱、需要理解、需要包容、需要父母温暖的支持。可是，父母却用冷酷的眼神、无情的巴掌与孩子脆弱幼小的心灵间建立一个隔阂，在孩子潜意识里埋下一粒恐惧的种子，形成无法愈合的疤结。这粒种子就这样默默地埋藏在孩子的潜意识里，并带着它长大。因为得不到处理，所以，一旦现实中有类似情景的触动，它便呈现出来，让孩子重新经历那份痛苦。

因为这种伤害，这些孩子不论在外面经历了什么，哪怕是被群殴、被施虐、被摧残，也不敢回家和自己的父母诉说，因为父母那里没有支持，没有尊重，没有温暖，只有凶狠的眼神和冷酷的巴掌。

每一个来到世界上的生命，上天都给他带上了足够强大的求生存的资源，尽管这些资源可以应对外面世界的风风雨雨，却难以应对来自至亲的直接扼杀。父母的"不自觉"会把孩子求生存的资源一点点吞噬殆尽。

这些在家里受伤的孩子，可怜，脆弱，他们看上去有家且很幸福，但内心却是孤独的。

爱，首先是接纳，爱是平和的、有滋养的。在孩子幼小的心灵面前，父母任何带有极端情绪的宣泄都是愚蠢的。

③ 隐形的伤痕，是避风港还是压力源

> 当孩子出现"无解"的问题时，请重新解读"家"的内涵。
>
> 家，被称为港湾的地方，又被称为"当你不得不进去时，它不能不让你进去的地方"。
>
> 在学校、在单位、在社会，被误解、被歧视，或进退不得，或万般无奈……家是唯一的疗愈之所。
>
> 但是，有一种家，可能非常冷！

妈妈知道了，后果很严重

当压力在一种集体意识的遮盖下放大的时候，它会扭曲变形。

"老师，我们的谈话内容请不要告诉我妈妈，否则她会说我在'装'。"

这是一名高一的男生，是主动要求妈妈给自己找心理老师。第一次过来咨询，我们的谈话很顺畅，他的心理问题引起的躯体反应已经很明显：经常头疼；两只胳膊发麻，走路时感觉胳膊没地方放；经常呕吐。

本来我打算把他的躯体反应告诉他妈妈，还没等我征求他的意见，他就战战兢兢地告诉我，而且再三嘱咐：不要告诉妈妈。当他说这些的时候，慢慢放松下来的状态又回到了紧张中。看他紧张的样子，好像做了错事，好像妈妈知道了后果会很严重一样。

本来，整个谈话过程是愉快的，但最后谈到妈妈，他却又带了些紧张感离开了咨询室。

他走了以后，他的妈妈打来电话询问孩子的情况，我简单说了几句孩子同意说的，遵照孩子的意见，真正的问题我并没有说出来。这位妈妈立刻跟了一句："这个孩子其实没什么问题，他就是很赖、不想学习、在装、在找理由！唉，养个孩子怎么那么不容易啊！"

"你觉得他哪些方面是装出来的？"我轻轻地问。

"他天天吆喝说头疼，我带他去了很多家医院，今年暑假还去了北京协和医院，全身检查遍了也没有任何毛病，医生只是给开了些提高免疫力的药。从北京回来后好了几天，之后一学习就紧张，说头疼，叫苦喊累的。我就觉得他是不想用功，光想省劲儿。

"前些天，他早上不想起床，说头疼，我忍无可忍发火了，把他拖起来送到学校。他晚上回来不理我，也没有吃饭，第二天就说胳膊麻。我觉得他肯定是心里憋着气，又找不到别的理由，就在那儿胡说八道。"她越说越生气。

"最近，他又说自己头疼、胳膊麻，我知道也没有事，就没理他。他又说自己在学校受不了，不想去学校了，真有点儿得寸进尺！"

"他说不想去学校了，你是怎么做的？"我问她。

"那天，我直接用扫帚打了他。早上，我都做好饭了，他不起床吃饭，等我去喊他，他又说头疼胳膊麻，不想上学了，让我给他请假。我一听就火了，说了他几句，可他还不起来，我拿起扫帚就打了他。但是，这次他不服气，用胳膊挡，差点儿把我推倒，气得我大哭了一场。你说这个孩子怎么这个样子呢?！"

"你这么生气，主要是因为什么？"我问。

"就是为他不想学习，还找各种理由，装作这里疼那里不舒服的。高中的课程这么紧，努力学都不一定能学好，他就是不想好好学。我的家庭就是这么个情况，单亲家庭，我自己带着他，风里雨里一个人，又要赚钱养活他，又要照顾他生活起居，不求别的，只要他好好学习，将来能出人头地我就知足了。尤其是不能被人瞧不起，不能被他奶奶家瞧不起。他爸爸就是这样，整天装病，我看到他这样心里就烦。"

"你能确定他是装的吗？"

"其实我也不确定。有几次他头疼，老师打电话叫我去接他，看到他疼得浑身出汗、脸色蜡黄，还呕吐，我也信了。有一次我俩吵起来，看到他胳膊打哆嗦，当时我吓坏了，不像是装的，但是去医院都检查过后，没检查出问题。"

"他不舒服的时候都和你说吗？"我问道

"现在不说了，开始的时候他会说。我带他到处做检查，但没问题，他再说我就不信了，一说不舒服我就骂他想偷懒。只要他按时去上学，我就不管他，后来他也就不说了。可是最近他经常说不想去上学了。本来按他的成绩可以考个好大学，现在被他折腾得我都不寄希望了，只要他能考上个大学就行。"

"也就是说，他现在的情况你并不知道？他每天早上吃完饭就到卫生间呕吐你知道吗？他上课头疼出汗老师送他去卫生室你知道吗？考试紧张，胳膊麻，笔都拿不住，多次掉到地上，你知道吗？有一次考试，他头疼恶心、心神不宁，试题一道也没做，试卷上全画了圈你知道吗？每天到学校第一件事就是去卫生间呕吐，你知道吗？考试前，他胳膊麻得无法忍受，晚上偷偷在被窝里用刀扎，你知道吗？前天晚上自习课，他头疼得无法忍受，一个人跑到楼顶上大哭，你知道吗？因为同学提到一个'装'字，他和同学大打出手，你知道吗？他因为自己的这种情况非常自卑，在班里整天不说话，没有任何朋友，你知道吗？……这些，他都不让我和你说，说妈妈知道了很严重，你知道吗？"

我一口气说出这些，她惊愕地听着，呆若木鸡。尽管我知道作为一个心理咨询师，不应该违背对孩子的承诺，更不应该带情绪说话，但是，我更是一位母亲，也具有作为母亲的良知！那一刻我的任务是唤醒一位糊涂的母亲，挽救一个无辜的孩子。

沉默了良久，我们谁也没说话。

过了一些时候，隐隐听到电话那头她抽泣的声音："我不知道啊，他又不说。我真没想到孩子受了这么大的委屈，他怎么能这样，什么也不和我说啊……"

"都是被我逼的，我不让他在家里哼唧，真是难为他了，我这当妈妈的……"她哽咽了，过了一会儿接着说，"学习有那么重要吗？孩子非上大学不行吗？都是我不好，天天只知道逼着他学习。医院查不出身体上的毛病来，但心理问题能让一个人这么难受啊！他这种情况好调理吗，老师？"听得出来，她非常自责也非常着急。

看到她猛醒，我真替他的儿子高兴。

奇点透视

觉察是改变的开始

我终于明白孩子为什么再三嘱咐我不要告诉妈妈他的情况了。

当时我很吃惊的，有这样不了解自己孩子的妈妈吗？孩子都痛苦到自己到处求助，躯体反应那么严重，胳膊麻木，头疼……妈妈竟然说孩子没事，还认为是为了不学习装出来的！

妈妈的诉说清晰地呈现了一对母子之间不通畅的关系通道。我们总认为父母就应该是最懂自己的人，但是在现实中，母子、母女吧，那都是一个称呼，看起来都是一样的，关系也应该是一样的。可是太多的故事告诉我们：关系在名分上是一样的，可实际上却千差万别。在外人能看得见孩子的痛苦的时候，有些母亲真的看不见，但她们真不是装的，因为他们之间关系的通道已经早被各种原因堵死了。

孩子可以面对一个陌生人大哭，却不希望自己的爸妈知道，唯一的原因就是怕爸妈说自己事儿多，而父母的这种不理解、不懂得，只能加深孩子的痛苦。

连至亲的人都不信任，孩子在这个世间有苦没处说，即使家庭健全，孩子也是一种孤零零的存在。

家，被称为港湾的地方，又被称为"当你不得不进去时，它不能不让你进去的地方"。在学校、在单位、在社会，被误解、被歧视，或进退不得，或万般无奈……家是唯一的疗愈之所。但是，有一种家，可能非常冷！

很多人不会相信，这样的痛苦会出现在如今衣食无忧的高中生身上，总觉得他们是最受照顾和优待的群体，在家里什么事也不用干，衣来伸手饭来张口，要什么给什么，不用去承担生活的柴米油盐酱醋茶，不用去思考生存和生活的事，怎么会有痛苦呢？

高中，这个生命成长非常迅速活跃的时期，本该充满激情和活力，高中生的精神生活应丰富多彩、五彩斑斓，可也是这群非常活跃的孩子，因为学习、生活、父母、同学等各种因素，他们承受着不同的压力。

殊不知，当压力在一种集体意识的遮盖下放大的时候，它会扭曲变形。当一个人在扭曲变形的压力之下的时候，那就不仅仅是在承担压力，更是在经受痛苦。这种痛苦，轻而为烟，淡而为血，浓而为疮。

觉察是改变的开始。这位母亲的觉察将带来行动上的改变，她的改变将促成和儿子之间联结关系的改变，这些改变将让家庭中凝滞的力量重新流动，冲刷掉一切瘀滞，带来新鲜的活力。

愿在有爱有温暖有活力的家里，孩子的创伤能尽快疗愈。

④ 学习之外，要给孩子预留情绪的出口

当学习成绩成为唯一的追求，家长的目光便变得短浅，甚至不断出现盲区，进而忘记了孩子原本是一个自然成长的生命。

在强大的权威面前，孩子的反抗经常是无效的，于是他们不自觉中就会把情绪转移到学习上去，觉得都是学习惹的祸，学习是造成自己与父母不愉快的焦点。

当家长的教育理念跟不上孩子成长的速度，面对迅速长大的孩子，他们唯恐出现差错，唯恐孩子的成长逃出自己的视野，于是他们努力去抓住、去控制，事与愿违，反而催生了一批"问题少年"。

洗头和学习的关系

本来不是问题，家长管得多了，就成了问题。

对成年人来说，每天洗头发没有任何问题。如果一个女孩子两天不洗头，顶着满头油发，人们就会觉得她很懒惰、不讲卫生。如果一个人是油性发质，那最好是一天一洗，也没有人会质疑。可如果是一名学生，并且是一名高三男学生，每天都要洗头，可能就会被当成一

种问题。

他，上高三，一米八五的个子，高、帅都占了，和所有的孩子一样，每天都穿校服。他的校服很宽松，显得有点儿不合体，但又干净整洁，精心卷起的裤脚透露出他的精致和讲究。

他的问题是经常和妈妈吵架，每次吵完来到学校就后悔，一后悔就会想很多，想得越多就越学不下去。

"我真的不想这样，但每次都控制不住自己的情绪。早上我只要一洗头发，妈妈就过来唠叨，一听到她唠叨，我就受不了。其实，这种唠叨已经好几年了，从我上初三就开始了，我一直忍着。但是，她最近总说得很难听，说我只会臭美，不把精力用在学习上；说一个人美不美不是两根头发的事，人真正的美，是发自内心的，腹有诗书气自华；说我把时间都耽误在了这些没用的事情上，不像是个高中生的样子；说人家×××从来就不讲究穿着，只知道学习，我却每天只盯着自己的两根头发，没出息……

"一提到学习，我就很恼火。妈妈什么事都能与学习扯到一起，洗头发到底和学习有什么关系？在她眼里，只要不是趴在桌子上学习，做什么都是不对的。快要高考了，我难道不知道学习很重要？

"其实，上了高三之后，我的压力很大，每天都在拼命地学习。一天都坐在教室里几乎不活动，像个闷葫芦。我喜欢早上洗头洗澡，早上洗洗头发，觉得一天就很清爽。我在做题的时候，遇到难题经常抓头发，如果哪天没洗头，一摸头发感觉油乎乎脏兮兮的，就浑身难受、心烦意乱，恨不得立刻去洗洗头清醒清醒。"

"那就是说，你洗头发是为了有更好的精神状态去学习，是这样吗？"我问道。

"是的，为了保持清醒。如果不洗头，一天都感觉很邋遢，而且心烦意乱。但是，妈妈不相信我，说我就是爱臭美，纯粹是找借口、找理由，就是没有把全部心思用在学习上。她的观点是，如果全身心投入学习，就不会有那么多臭毛病。他还拿名人的例子教育我，比如陈毅专注读书不小心吃墨水，有位哲学家抬头观天掉进坑……

"她还有一个理由就是担心我感冒，说快要高考了，早上洗头容易感冒，如果高考时感冒了怎么办……听到这话我就生气，感觉是在诅咒我，很不吉利。我天天这样洗头都没感冒，怎么到高考了就感冒了呢？每次她这样说，我就控制不住自己的情绪和她吵，吵完了我就很后悔，知道妈妈也是为了我好。"

这是一个多么懂事的孩子啊！自己在控制中反抗却担心妈妈伤心。我非常理解他，约好和他的妈妈谈谈。他很开心地离开了，而我陷入了沉思。

奇点透视

"学困"之根不在学，在于视听之间也

他的诉说代表的不是他一个人的烦恼，而是很多中学生的烦恼。

曾经在一个高二年级学生家长讲座上，在答疑阶段，不知道哪位家长提到了孩子喜欢早上洗头的问题，接着就引爆了全场，大家

七嘴八舌，好像都有阻止孩子早上洗头的经历，而且都有阻止无效的苦恼。

其实，这本来就不是个问题，家长管得多了自然就成了问题。问题不是洗头发，而往往是因洗头发引起的争吵，以及争吵后造成的各种负面影响。

对某些孩子来说，每天早上洗头发是一件非常重要的事，像他，是为了让自己保持清醒，能更有效地学习。当然，也许不只是这一个原因。他们正处在青春期，爱美是天性，也是一些孩子长大成熟的标志，他们开始讲究自己的衣着打扮，在乎自己的形象，尤其在女同学面前，更想好好地展示自己，就像一些雄性动物会把自己最漂亮的羽毛在异性面前翻来覆去地展现一样。

然而在学校里，他们必须要穿校服，所以，发型和鞋子对他们来说就是最重要的了，只有这仅有的一点不统一能满足他们与众不同的内心需求，能让他们不断膨胀的自我得到满足，而满足了再学习，有什么不好？

当学习成绩成为唯一的追求，家长的目光便变得短浅，甚至不断出现盲区，而忘记了孩子原本是一个自然成长的生命。男孩需要学习，但同时也有生命成长的根本需求，并且这种生命力量的需求是强大的。做家长的，只有尊重规律，适当引导，才能让孩子走上正途。如果拿学习来压制，只能给孩子带来反感，让他们对学习产生厌恶。

"每次放假我去做个发型，妈妈就唠叨半天，我最讨厌她拿学习说事了，说什么在乎发型就是不专心学习。发型漂亮了，心情好了，怎么就耽误学习了呢？学习难道就必须死死地趴在那里？如果是这样，我宁愿不要学习了。"

"穿鞋和学习有什么关系？穿上好看的鞋子就不学习了，安心学习就是要穿得破破烂烂的，就要不修边幅，这是我妈妈的逻辑。我非常痛恨她不相信我的样子。"

"既然说我不学习，只要在乎发型就是没用心学习。那好吧，反正我怎么说她也不相信，那我就不学了呗。"

……

这是在我的办公室经常听到的孩子们的抱怨声，这分明是对家长的反抗，但是在强大的权威面前，反抗经常是无效的。于是，他们就不自觉地会把情绪转移到学习上去，觉得都是学习惹的祸，学习反而成了造成不愉快的焦点。

孩子自然长大的过程中，很多家长唯恐失控，紧紧盯着，努力压制，使用的工具是学习，结果是学习成了牺牲品。发型和鞋子不再重要，重要的是由此引发的争吵，实际是在形成一种控制和反控制的亲子关系。

在这样的关系中，爱与理解渐行渐远，取而代之的是日益紧张的斗争。家长们的担忧与焦虑，通过孩子的发型、鞋子等外在信息所发泄出来，像是一张无形的网，紧紧束缚住了孩子向往自由、帅气、美丽的追求脚步。孩子们在无尽的压力与束缚中，渐渐失去了学习动力，取而代之的是厌倦与逃避。家庭，这个本应充满爱与温暖的港湾，却成了战场，亲子之间的每一次交锋，都是对彼此情感的消耗与伤害。

当家长的教育理念跟不上孩子成长的速度，面对迅速长大的孩子，他们唯恐出现差错，唯恐孩子的成长逃出自己的视野，于是他们努力去抓住、去控制，事与愿违，反而催生了一批"问题少年"。

文章千古事，得失寸心知。父母、老师过分的关注，爱便成为溃堤的蚁穴，此为溃堤之爱。这种爱，可以是那个没有钉实的马蹄铁，导致临阵溃败，也可以是身体发肤的小小一毛，导致孩子夜不成寐，甚至痛不欲生。

学业似山千钧重，何必一考定终身？

小小马蹄溃战阵，柔柔细发累青春。

第五章

挣不脱学习的困境，
是因为爱得窒息。

厌学、逃学、惹是生非……这都不是事。那么
"事"在哪里？在控制与溺爱的跷跷板上。

① 开启自毁模式的"镜子"

> 一定要帮孩子走出被父母罩着的树荫！
>
> 父母总希望自己的孩子比别人家的孩子优秀是正常的，但如果把愿望变成行动上的强制要求，那父母看到的往往都是孩子的缺点。
>
> 人前人后都说自己女儿长得丑的妈妈，其言语对女儿的伤害比刽子手更残忍！女孩子十分在乎自己的形象，却被妈妈——自己的镜子全盘否定，孩子透过镜子却看不到自信。

女强人的好闺女

孩子成长在父母的眼里，却"活"在父母的嘴里。

这个女孩自己割腕了，她的手腕上那没有完全愈合的伤疤，似乎还在诉说着什么。

"老师，我很绝望，我太绝望了。"

这是当她的父母离开咨询室，只剩我们两个人的时候，她说的第一句话，说完便抱头痛哭。

我坐在她的旁边，静静地看着她抽抽搭搭的样子，想象不出这个本该如花的年纪到底经历了什么。我递给她一张抽纸，她接过纸擦干泪痕，开始了她的诉说。

"我非常害怕开学，不敢面对学校和老师，不敢进那个教室。在教室里，我感到非常压抑，一想起来就喘不过气来，坐在那里我就感觉要窒息了。"她擦擦眼泪看着我。

"你害怕什么？"我轻轻地问了一句。

"我害怕老师，他们天天让学习，天天考试。我很希望考好，可是每到考试前，我就特别紧张、特别压抑，压抑到无法承受。我以为考完了这次就熬过去了，可是接着又是考试，无休止啊，感觉熬不到头。我知道我应该好好学习，但是我又没有办法改变这种状态。"

我顺着她说道："你想改变什么？"

"我想改变自己的状态，不要再这样压抑下去了，我希望变得轻松一些。为了开学考试能考好，整个假期我都在学习，可是一想到考试我就非常压抑。爸爸带我出去旅游了 5 天，但是根本无法放松。开学两周了，好不容易熬过一次考试，听到老师们在不断重复学习、学习、考试、考试，我就要窒息了。我知道我不应该这样，可是我又不知道该怎么办。"

这是一个有些绝望的孩子，她的心底到底淤积着什么？

"这种绝望的感觉是从什么时候开始的？"

"八年级。八年级的时候我生病请了两个月的假，康复回到学校后各种不适应，功课落下很多，赶起来很吃力。回到家里又经常是我一个人。那时候，我几次想自杀。"说着她伸出胳膊，"老师，你看。"

白白嫩嫩的胳膊上，一道红红的伤疤，几乎绕腕一周。我见过不少割腕的伤疤，但这是最深最长的一道，可见，当时她的痛苦之深。

"现在还疼吗？"我轻轻抚摸了一下，问她。

"现在不疼了。割的时候，看见鲜红的血流出来，血滴到下铺，被同学发现了，报告给了老师。"说着，她哭得更厉害了。

"当时是怎样的感觉？是不想再醒来了？"

"感觉没有头，总是做不好，同学们都很努力学习，没有人听我诉说，家长不理解……妈妈还打我……"

"打你？你这么大了还打你？"我问她。

"是的，前天她还打了我。"她委屈地看着我。

"在你割腕后？"

"嗯。"

"妈妈打你的时候，你那一刻在想什么？"

"我更绝望了，完全绝望了。"

"你回忆一下当时绝望的感觉。"

"那种感觉让人受不了、浑身无力，哭也哭不出来，没有眼泪，只想'睡了吧，睡了吧，再也不醒了'该多好啊！反正怎么也做不好！"她有气无力地说着。

藏在她心底的块垒渐渐清晰起来，就是她一直在重复的"怎么也做不好"。

"你对你的成绩满意吗？"

"基本满意，排在第 15 名左右，一直这样。"

"你觉得自己哪里做得不够好？"

"我什么都不好，学习不好，没有朋友，长得很丑。"她很坦然地说这些。

"是谁说你长得丑？"

"妈妈！从小妈妈一直说我长得丑，人前人后都这样说。"一想到以前，她又开始泣不成声。

"我长得很丑。妈妈是个女强人，长得好看又很优秀，我很想做

148

得和她一样好。可是，我怎么努力也做不到。她工作一直很忙，小的时候我住在奶奶家，从上小学开始一直一个人在家，中午吃外卖，妈妈每天很晚才回来，一回来就检查我的作业，一看有错，不是打就是骂。但是，我从小很听话，我总是努力不让他们生气，努力让爸爸妈妈开心，但是……我很累，心很累。"

她说到这里，情况已经基本明了：这是一个被妈妈严重打压的孩子，她的痛苦来自她自信的消失。

在接下来的谈话中，我先帮她发现自己的优点，先从完全自我否定中走出来。她找出了自己四个优点：一是努力学习；二是懂事，心疼父母；三是懂得自我管理，自理能力很强；四是自己长得并不丑，皮肤很白，眼睛很大。她笑了，说自己从来没有看到过自己还有这么多优点。

她终于知道，自己其实是个好孩子！

咨询还要进一步进行，但值得欣慰的是，她不会再有自杀的念头了，因为她看到了自己的优点，慢慢燃起了自信。

看到她重新绽放的笑容，不觉让人感慨：孩子的自信心是多么容易树立，又是多么容易被碾压啊！

奇点透视

是遮风挡雨的伞，还是逃不出的阴影笼罩

从她的诉说中，我知道她的妈妈是一个小型企业的部门经理，整天忙于工作，没有节假日，没有歇班时。她常常听到的是妈妈多

么优秀、工作多么出色、上班多么辛苦，妈妈为了给这个家创造更好的条件有多么拼命。她以妈妈为榜样，但又常常被妈妈残酷打压，时间久了，她也就接受了，觉得妈妈是女强人，自己怎么做也达不到妈妈的样子。这样一个职位就成了孩子不可超越的高度，实在让人痛心。

其实，孩子走不出父母罩着的天，根本原因不是父母职位的高低，而是妈妈非常强势。如果妈妈过于强势，不顾孩子的自尊，不顾家人的感受，容易造成家庭悲剧。

强势的妈妈不仅对自己有着极高的要求，对孩子要求也非常高，她高要求的标准是不会轻易降低的，总是希望自己的孩子比别人家的孩子优秀，有一点不如意就愤怒生气。她们看到的往往都是孩子的缺点，于是强制孩子改变。她们的论调是只要你改了这一点，你就更优秀了，但她们眼里需要改的点总是层出不穷，孩子只能时时面对自己的不足。

这个女孩说，她妈妈从来没有表扬过她，在要强的妈妈眼里，她什么都不够好，没有可以表扬的地方。过分的是，她的妈妈人前人后总说她长得丑。每个女孩子都特别在乎自己的形象，却被妈妈——自己的镜子全盘否定，标定为长得很丑，这成为她心底挥之不去的暗影，成为伤害她自信的魔杖。

孩子成长在父母的眼里，却活在父母的嘴里。父母看孩子的眼神以及对孩子的评价就是孩子对自己的基本认识，总被肯定、鼓励、赞赏的孩子，自我评价高；相反，总被忽视、打击、讽刺、挖苦的孩子，会有非常低的自我评价。

她在妈妈的眼里什么都不好，在妈妈的眼里长得很丑，这牢牢地封印在她的自我认知里，每天生活在对自己的否定和嫌弃中，哪里还有自信？当一个人的自信逐渐消失的时候，她的生命之火也会随之奄奄一息。所以，她感觉绝望，感觉快要窒息，以至于无力到想长睡不起。

　　好孩子是夸出来的。这个"夸"不是表面形式，而是从心底自然流露出来的肯定和欣赏。孩子就像一棵树苗，缺少了父母的肯定和赞赏，如同生长在贫瘠的土壤里，如果再加上父母的打压和诋毁，再好的树苗也难以茁壮成长。

② 没有代价的幸福是有毒的

　　没有规矩为什么不成方圆？因为，画圆的规和画方的矩是设定边界的工具。没有边界，力量就无从存储！很多人只把规矩看作是约束，却没有觉知规矩的力量。

　　世界因规矩而存在；人以规矩而成长。

　　请在 6 岁前对你的孩子说"不"，让他懂得什么是规矩，什么是底线，帮他在 12 岁前建立规则意识。

　　这样，你就可以适当放手，做个"民主型"的父母了。

极度厌学的背后

退一步，很可能不是海阔天空，而是万丈深渊

　　这是一个极度厌学的孩子，外在表现是：不想上学，感觉压力大，在教室里坐不住，一进教室就感觉非常压抑；和老师的关系很紧张，感觉老师总是针对自己；和同学关系很糟糕，感觉没有同学喜欢自己，自己也不喜欢任何一个同学，他觉得很多同学不讲卫生，说话粗俗，尤其不能忍受宿舍里的脏乱，觉得同学的鞋子很臭、衣服很脏；教室里总也有一股怪味。总之，他觉得在学校里待不下去。

　　他已经休学一年了，今年开学本该重读高一，可是到了开学的时间，他还是不肯去学校。好不容易去了刚满三个周，每周上学两三天，现在又不去了。

他的父母非常着急，想尽办法找了所有能找的人来劝说，他要么只是答应，但到时候就不去，要么就干脆躲起来不见人。

他的妈妈第一次见到我，说："老师啊，听说那么多厌学的孩子在你这里咨询后都转变了态度。请你一定救救我的儿子，劝他去上学。"

一个孩子如果有几年的时间都不上学了，问题往往不在孩子身上，而是家庭教育出了问题，要想解决，恐怕面前这位妈妈才是问题的关键。

"不上学的日子，他在家里是怎么过的？"我问。

"他在家里，整天玩手机和Pad，电视还不怎么看；早上不起床，我中午下班回来，他才起来，早饭午饭合一顿；下午，待在房间里不出来，晚上很晚也不睡觉，每天都这样。打也打了，骂也骂了，怎么都不行。现在连说都不敢说了，一说他就发火。他在房间里会反锁门，我们还非常担心。"妈妈说着流泪了，憔悴的面容看上去是被折磨得很久了。

这又是一位困在紧张的母子关系中的可怜的母亲。

"你们有没有跟他谈起过心理老师？他愿意见心理老师吗？"

"我们没有和他说过，他现在是谁都不愿意见，非常敏感。你一张嘴，他就知道又有人来做工作了，就立刻发火，非常暴躁。但是有时候发完脾气，他也说自己不对，是自己很烦，虽然也知道该上学，但就是不愿意去学校。"

这又是一个被做思想工作做怕了的孩子。

孩子如果谁也不见，咨询师也是没有办法的，咨询师能帮助到的是求助者，要想办法让他主动求助，所以，第一步就是把他带出来。

我告诉他妈妈回家该做的和该注意的事项，先缓和亲子关系，当他情绪平稳、态度缓和了，有主动沟通的意愿了，再和他交流，直到他说出自己的痛苦。

他的妈妈做得很好，两周后非常开心地打来电话说："老师，我按照你的办法做了，现在看，他基本愿去见你了。"

我告诉她不要急，再等等，又嘱咐了一些应注意的言行。

又过了四五天，孩子主动让妈妈带他来找我。

走进来的是一个很白净的男生，浑身打理得很精致，发型酷酷的，一个大大的黑口罩垂在下颚，应该是进门的时候刚摘下来。

整个谈话很顺畅，他悟性很高，很快就找到了自己的问题所在，认识到应该从哪里着手改变现状。我们约定从改变生活方式开始，在生活中加入一些自律和责任。他很开心地说："原来我可以这么轻松地生活。"

他说回家整理一下，下周一就去学校，还有四天的时间，这四天他都做了很好的规划。

回到家之后，他妈妈高兴地来电话告诉我，孩子像变了个人似的，不睡懒觉了，也自己整理书包了，还准备了一些学习用品。

"现在，他要啥我们都赶紧给他买，只要他去上学就行。这不，买了书包、鞋子，还换了眼镜，又买了一部新手机留在家里回来的时候用。他想吃的美食，也都带他去吃了个遍……"

听到他妈妈说这些，我反而开始担心了。为了让他重新回去上学，父母已经没有原则了，而是一味地讨好。

果然不出所料，周一下午，他的妈妈打来电话说："哎，他又不去学校了，早上怎么叫也不起来，气得他爸爸把他的新书包扔了，眼镜也打碎了。孩子把桌子上的东西全都摔下来了，还嗷嗷地叫。看着他那样子，我吓得直哆嗦，又怕被邻居听见……老师，前两天好好的，本以为这次肯定去上学了，没想到又变成这个样子，老师接下来我该怎么做呢？"

我说："你们该上班就上班，该吃饭就吃饭，当没事一样等着他，等他自己说再找我。"

"他能去吗？"他妈妈疑惑地说。

"前提是你们不用催促他，需要等，明白吗？"我断定这个孩子会来的，上次的咨询中已经做了这种结果的预案，他会来的。

过了几天，他果然来了。

这次，他低着头，什么也不说。

"今天有什么想说的？"我看着他问道。

"没有，老师你说吧，说完了我就回去。"他依然低着头。

"那现在你可以回去了。"我依然笑着说。

"不行，老师……"他欲言又止。

"好吧，告诉我为什么没做到你的承诺？"我问他。

"说句实话，我离不开家里的空调和手机，在家可以开着空调，看看手机上上网，在学校每天都满头大汗，还没有地方洗澡。"

他的回答非常坦诚。

我把老夫妇和天鹅的故事讲给他听：一群天鹅被好心的老夫妇收养了，因为被养得太好了，到了该南飞过冬了，那些天鹅却都不愿意离开，老夫妇就把它们带到温暖的屋里。然而，有一年，人们发现天鹅全都死了。原来，老夫妇去世后，天鹅因为得到过良好的照顾已经不会远飞，最终全都冻死了。

听完故事，他陷入了沉思，若有所悟的样子。

我让他回家想，然后再一次作出选择——对自己负责任的选择。

奇点透视

敬畏是一种力量

他回去了，我却陷入了沉思。在最近做的咨询中，厌学在家无力返校的案例，基本都具有一个相同的特点：那就是家庭教育原则的缺失。

他成长在一个没有固定规矩和原则的家庭里，优越的物质条件和妈妈的溺爱使他变成温室中的花朵，似乎已经受不了一点风雨，生活的艰苦和学习的挑战都是他无法克服的困难。而对父母来说，只要他能去上学，便一再退让，宁肯牺牲家庭教育原则。

孩子不可能永远依赖妈妈的保护，当他需要走出去的时候，而是需要他自己对现实生活的正确认知以及对各种环境的预判和接受，更需要父母有力的助推。就像小鹰在老鹰的引导下，勇敢地踏出飞翔的第一步。让孩子树立规则意识，需要父母的智慧，更需要家庭教育的原则和规矩。

当孩子的成长过程中缺失了原则和规矩，他会变得没有规矩、没有原则，也没有敬畏、没有底线。遇到一点困难，他便缺少前进的动力，因为对他来说，后退永远是温暖的、舒适的，最起码没有惩罚，不需要付出任何代价。

在这种情况下，他为什么还要去克服困难？哪里还有动力去战胜困难？

原则和规矩，是父母送给孩子战胜困难的法宝，在孩子成长过程中不可或缺。

他已经 14 岁了，错过了建立规矩的最佳时期，单靠父母现有的教育已经不能奏效，改变还需要从他自己慢慢做起，这对他本人是一个不小的挑战，或许将是一个漫长而波折的过程。

前车之鉴：要想让孩子不畏困难，有责任感，有敬畏心，请在6岁前对你的孩子说"不"，让他懂得什么是规矩、什么是底线，帮助他在12岁之前建立规则意识，这样，家长可以尝试放手，做个"民主型"的父母。

③ "上帝视角"妙用：走出叠加的焦虑

> 面对现实，要身处其中。思想如野马脱缰，如果不在现实中，则无从谈及成长。

> 思想经常出现游离状态，其实也是看世界的一种方式。不必刻意遏止意识的流淌，更不必为走神而烦恼，及时跳出，用真实的目光俯视自己，看看"你"在做什么，享受那种你与"你"共享专心做事的舒畅与自豪——这就是"上帝"的视角！

故事里的女孩，故事里的事

走神本身并不是问题，
对走神的抗拒与焦虑叠加，才是大问题！

她是一名高三学生，在听过我的讲座之后来到咨询室找我。

白皙的面庞没有一丝生气，扭曲的五官似乎刚刚哭过。她抬头看了看我，还没开口，眼泪便夺眶而出。我一下子感觉到她的痛苦很深、很沉，并且纠缠已久。

我递给她纸巾，她接过的同时又抽泣起来。此刻，我只能静静地陪伴、等待，然而她的哭泣并没有停止的意思。当我递上第二块纸巾的时候，她突然抽抽搭搭地说："我实在没法忍受下去了。"

158

我点了点头，示意她说下去。她接着说："我怀疑自己得了精神分裂症，天天上课走神，精力没办法集中。快要高考了，可是我没有办法管住自己，你看我的手划的。"她说着伸出左手，手背和手腕上排列着一道道划痕，还有一个个戳伤的疤痕。新疤旧痕，密密麻麻。

"怎么回事呢？"我抚摸了一下她嫩嫩的肌肤上那粗糙的疤痕。

原来，这是她为了惩罚自己走神，用小刀和圆规划的。每次走神后回过神来时，她就痛恨、后悔，就得用刀子割、用圆规戳自己的手臂。可是她又说："割得鲜血直流也不管用，我还是经常走神，不是正常的分散注意力后接着回过神来的那种，而是听着课突然就想别的事情，并且一直想很久。有时候一节自习课会想半节课。"

我笑着问："发现自己走神了，就又非常后悔，然后又想自己为什么走神，想着想着又从头捋了一遍，反而用的时间更长了，是不是啊？"

"是啊，是啊！后悔的时间有时候比本来走神的时间还要长。可怕的是，现在马上要高考了，我一直在想考不好怎么办，而且会想到考砸了的结局，想得很具体、很详细，想到每一个细节，想着想着就不由得吓出一身冷汗。更可恨的是，有时候突然发现自己又在胡思乱想了，但并不想停下来，直到把那个想象的故事想完才可以。而我想的往往不是好事，经常想着想着自己就在那里流泪，好像真的在那个情景中了。比如我会想到高考失败，同学们都去上大学了，我自己一个人没有大学上，又不愿意复读，父母伤心、失望，又逼着我复读，我和父母大吵大闹……我会非常难过。即使知道这是自己瞎想的，可是我还会在那种痛苦里待很久才能出来。

"发现自己又在脑海里瞎编，又耽误了大半节课，就非常痛恨自己，拧自己的腿也不管用，就用刀子划破自己的手以下决心，不允许自己再继续编故事。可是没有用啊！我发现，自己现在越来越依赖那些荒唐的故事，下了课也经常一个人还在继续想，同学们都不和我玩，他们还认为我在学习。我恨死自己了。"

我继续引导："想一想，你是从什么时候开始想阻止自己走神的？当时发生了什么？"

"从高一时。之前的时候我也经常走神，但并没有影响学习，我的成绩一直很好，在班内前三名，我也没当回事儿。可是自从上了高中以后，我的成绩突然下降很快，第一次考试排名第 37 名。我很崩溃，赶紧找原因，想努力赶上去，那时，我发现自己上课经常走神，于是就去努力控制。开始的时候还好，一发现走神，拧一下自己的腿就好了，但是后来不管用了。从那以后，成绩一直上不去，我更加着急，于是各种不好的想法都来了，且一碰到难题就会想很多，学习任务完不成也会想很多，经常想着想着吓得自己就哭起来。现在想得越来越多、越来越离谱，根本没法控制。你在讲座上告诉我们的那些方法，同学们都说很有用，可我还是不会用。他们越说好用，我就越崩溃。"

我和她一起重新梳理了一下讲座上讲过的"叫停自动思维""身体扫描"和"专念呼吸"，并一步步实验了，重点带她重新体验"专念呼吸"，十几分钟后，她呼吸均匀、心情平静，整个人也放松了。我告诉她回去每天至少练习两次，时间可以短一些，但是一定要专心练，这样就会逐渐改变已经形成的习惯性走神模式，并告诉她坚持一段时间以后，再来找我看看效果。

她离开了，脸上带着舒展而羞涩的微笑。

走神的习惯可能无法一下子改掉，但是，她的痛苦和焦虑是一定减轻了，因为她学会了改变的方法，看到了改变的希望。

奇点透视

跟念头较劲儿的人

上课走神是最常见的，也是最容易引起学生痛苦焦虑的现象。

其实，走神本身并不是问题，对走神的抗拒与焦虑叠加，才是大问题！

没有哪个人的注意力可以持续不间断地集中，其头脑中总会有无数念头反复出现，就像人来人往的候车大厅，当你在赶路的时候也会不停地注意身边的行人，或者泯然一笑，或者震惊感慨，但这都不会影响你赶路的心情，只有你不允许自己看见周围的人，不允许有任何感受发生，才会影响你的心情。走神也一样，偶尔想到主题之外的事情不要紧，要紧的是他们努力地想去控制自己的思想，但又发现思想不受控制，就像揪着自己的头发想要把自己提起来一样。当他们感觉到控制无效的时候，便会产生强烈的无能感，从而产生失控的恐惧和焦虑。

走神现象，不仅高中生会有，每一个人如果仔细观察都会发现自己经常处在走神的状态中，而且经常陶醉其中。不管当时沉浸其中的是好的还是坏的剧本，很多人都不愿意轻易打断，而且喜欢把开始了的故事编造完整，必须要有一个结尾才肯停下来，这也就是我们经常说的"白日梦"。适当地做做白日梦，有助于我们释放压力、调节情绪，是来帮助我们打扫精神战场的。如果白日梦做得太长、太久、太入境，梦境是喜剧还好些，悲情的剧本可就经常让一些人痛苦不堪了。时间长了，整个人便常常处于虚幻中，导致身心分离、不能自拔。

所以，思想的野马还是不能过于放纵，要让自己常常处在现实之中而不是想象的世界里，这也是《当下的力量》中作者特别强调"当下""临在"的状态对减轻痛苦的作用。

像刚才的学生一样，总想控制住自己的思想和念头，这就更可怕了。因为思想和念头是无法控制的，她的"努力"只能让她进一步体验无能感，从而增加痛苦和焦虑。

科学发现，人的头脑中每天通常有几万个念头出现，这么多念头，其中80%是毫无意义的，如果都想去控制，一个人怎么忙得过来呢？奇怪的是，你会发现多数时候我们并不受其打扰。因为当我们不在意的时候，其实是这些念头是来去自由的，也就是我们并没有和其中的一个产生纠缠，就像《菜根谭》中说的"风来疏竹，风过而竹不留声；雁渡寒潭，雁去而潭不留影。故君子事来而心始现，事去而心随空。"不纠缠，便不会产生痛苦。

《金刚经》中的"应无所住而生其心"，就是说：不要执着一念，要坦然，心像镜子，物来则应，去而不留，这样才能生清净心，达到心无杂念、纤尘不染的境地。

念头无法制止，痛苦在于纠缠。如若非要阻止思想念头的产生，就像小狗非要咬到自己的尾巴，孩童在太阳底下非要赶走自己的影子，不但徒劳，更平添了自我效能感低的痛苦。

王阳明以圣人之心比明镜，意在表明照澈万物，留不留痕迹，在于镜而不在于照。当我们内心执着一念，非要阻止走神的时候，其实我们的心就和走神纠缠胶着在一起了，痛苦自然而生。

要想万物清澈、心境明净，就要善于守住心之镜，任由万千念头自由来去，自己只关注当下所做之事。学习更是如此，念头来时不执着，只要专注于学习本身，只做手头正在做的事情，是谓专注，则自然有成。

4 先做自己，还是先教孩子

当骨肉至亲变成情感依赖，当情感依赖又扭曲为家庭捆绑，那可能意味着家庭教育之风出现问题！

每个孩子都是父母的唯一，但不管是从父母的角度，还是从孩子自身来说，孩子首先要活出自己的"唯一性"。

然而一些身为教师的家长却经常掩盖他自己都不懂家庭教育的事实。

襁褓里的高中生

对父母来说，他的空间都是透明的，父母是可以随便闯入的，界限感由此被打破。

怀着美好的心情，我提前 4 分钟走进教室。我知道孩子们很喜欢上我的心理课，他们很愿意利用课前的时间和我说说话。

这一次，我看到教室的后面站着一位"女老师"正和一名男生说话。他们站在最后面的角落里，"女老师"抱着书，背对着我。我想，这可能是上节课的老师在给这名同学讲解还没听明白的问题。快要上课了，其他同学都休整回来了，这名同学还在请教，老师还在继续认真地解答。我有一丝感动：学生勤奋，老师敬业。

我寻思拿起手机拍下这感人的一幕，但拉近镜头却发现，面朝我的男孩的表情不对：眉头紧皱，好像要发怒的样子。

原来，这位老师是在给这个孩子做思想工作。他是遇到什么事了吗？正想着，铃声响起来，那位师转身离开教室，向我笑了笑，我也礼貌地笑了笑。因为很多年轻老师我是不认识的，但是不能怠慢了人家，都是老师嘛。她本来想从后门直接出去，但她迟疑了一下，向我走了过来。我想她可能要跟我打招呼，耽误了下一节课的时间，一般这种情况，老师会互相致歉的。

走到我身边，她说："您是心理老师吧，您看看我的儿子……"

我愣了一下，说："哦，您是孩子的妈妈？"

她说："是的。"她很从容，没有一点难为情和不自然。

在我的认知里，作为家长如此公开站在孩子的教室里，而且是高中的孩子，在孩子的同学面前教育自己的孩子，而且还有其他老师在场，这已经不是一般情况了。

她继续说着："我的孩子从小没有离开过我们，希望老师您多多关照。我是一名小学老师，他小学的时候学习成绩很好，现在来了这里，月考考得不好……"

"您怎么来到教室里了？"我打断她。

"我是来开会的，刚报上到，就先过来看看他。"

已经上课了，所有的孩子都在看着我们。这是属于孩子们的时间，看她没有停下来的意思，我只好说："现在上课了，所有的孩子都在等着，我先上课，过后我们再交流好吗？"

她还是在说，好像说不完就不罢休的架势，我等了等，又重复了一遍我的话，直到重复了三遍"要上课"，她才停住，笑了笑转身离开教室。

我什么也没说，孩子们也没有其他反应，开始正常上课。

课堂上有个讨论交流的环节，我直接去了那个男生身边，想了解一下他的情况。我问："刚才进来的是你妈妈吧？"

"是的。"本来正处于很开心讨论中的他瞬间皱起了眉头。

"对你妈妈的到来，你现在是什么感受？"

他紧紧皱着眉头，迟疑了一会儿，说："我其实很不愿意他们那么关心我，他们想得太多，这让我很累。但我是他们唯一的孩子，从小没有离开过他们……爸爸总是抱怨妈妈把我送这么远来上学……妈妈那么远来一趟也挺不容易的。"他一副很难为情的样子，看得出来他感觉到刚才妈妈的做法有点不妥，但是又在为妈妈的行为找理由。

我问："你现在在学校过得怎么样？"

他说："还好。"

我告诉他，如果有需要，我可以帮助他，然后就继续上课了。

我感觉到这位妈妈和儿子根本就是一对"连体人"，从未分开，不只是儿子离不开她，她也根本离不开儿子。更可怕的是，从孩子的回答中发现，他的爸爸更离不开儿子。这是捆绑得多么紧的一家人！

在这样的捆绑中成长，孩子肯定会出问题的。

接着是分享的阶段。当他一站起来的时候，所有的同学都哄堂大笑，他却像没事人一样继续说着，我也不知道同学们为什么会笑，这不合常理的事实说明了一切——他在同学们中是很另类的。

不管怎么样，作为老师，我要保护他的自尊心，从他的观点中找到一些值得肯定的东西，去平息同学们无来由的嬉笑。

下班回家的路上，我心里有种说不出的滋味。这个男生真的喜欢妈妈闯进自己教室来吗？如果不喜欢，他又能怎么样呢？妈妈这样做真的是对孩子好吗？如果说不是，她会相信吗？

奇点透视

"唯一孩子"的特权思维

有很多这样的父母，他们以爱的名义，在做着连他们自己都不知道的但正在伤害孩子的事情。

这种过于紧密的捆绑式关系，已经严重影响了孩子的健康成长，好像老母鸡天天把小鸡窝在自己的翅膀底下，怎么能培养出小鸡自立的能力，小鸡怎么能经受住妈妈翅膀外的风雨？

对于这种令人窒息的捆绑，他们一家人的论调居然高度一致："我们从没分开过。"似乎这是天经地义让孩子得到更多关照的理由。

孩子也居然振振有词地说："我是他们唯一的孩子。"似乎"唯一"就是特权的充分理由。所以，对于妈妈闯入自己的教室，甚至占用了大家的时间和老师交流，耽误了正常上课，孩子丝毫没有对全体同学的歉意，以为这都是正常的。这大概就是"享受特权"已经习惯了吧！

因为妈妈是老师，自己小时候在妈妈班里上课，是妈妈的特殊学生，从小就是享受"特权"长大的，所以对这种特殊的"爱"享受得理所当然。

更令人诧异的是，对于妈妈毫不客气地闯入自己的空间，孩子竟然没有一点反感，这很不符合他的年龄特点。青春期的孩子应该是自我意识迅猛发展的时期，要求自主和独立胜过一切，认为独立自主和精神自由有时候比生命更重要，他们经常为捍卫自己的独立空间和父母不断争吵。同时，他们的心理上又处于闭锁期，要求有自我空间和自我秘密。因为这个特殊时期的心理特征，我们会发现，很多男孩子甚至不愿意和妈妈并排一起走路，即使是一起出去，也远远地拉开一段距离。有些孩子从来不让父母出现在自己的学校里，他们渴望属于自己的独立的空间。

可见，上文中的这个孩子并没有自己的独立空间，他的空间对父母都是透明的，父母可以随便闯入，也就是说，他们是尚未分化的"连体人"。他的心理发展和他的年龄是不相符的，他的心理年龄还在妈妈的襁褓里。

自己的教养方式严重影响孩子的成长，但妈妈并不知道，像很多老师一样，她会觉得自己是老师，懂得教育孩子，教育方式方法是最好的，也是正确的。

老师的名分，经常会掩盖其不懂教育规律的事实。

话又说回来，即使意识到自己的爱有些过分，她能改吗？答案是否定的。因为对他们一家来说，不仅孩子离不开父母，父母也离不开孩子。在这种情感依赖的扭曲关系里，孩子只能无辜地牺牲自我成长来陪伴他们的心理缺失。

作为父母，学会做好自己才是最好的教育。

⑤ 亲子关系中的自毁模式

抓住父母的软肋进行要挟，是每个"不可救药"的孩子的制胜之道。

在她成长的过程中，一次次的试探让她知道，没有什么比"破坏"自己更让妈妈着急的。

随着较量的升级，她对自己"破坏"的程度也渐次加深，更可怕的是，他们父母两个人也不知道这是一种可怕的自毁模式。他们彼此在其中痛苦地挣扎，像是拔河，尽管都已经精疲力竭，但谁都放不下手中的绳。

不能承受看到孩子被痛苦折磨的痛，妈妈又会不断地讨好，并在孩子犯错后不断地无原则地选择原谅，甚至亲自为孩子做最喜欢的美食，这难道不等于对孩子犯错的放纵人吗？

沦陷在试探里的妈妈

父母不断认输退让，就是对孩子不良行为的无限放纵。

这是一位穿着干练、时尚的母亲，她的生意做得红红火火，家庭条件在当地还是非常优越的。她曾经多次听过我的讲座，但我明显感觉她是那种"身到心不到"的听众。也就是说，她愿意拿出时间来听课，但她的思想或精神并没有真正进入，而是游离课外。

此刻，坐在我面前的她，全然不是以前的形象，说了两句话就哭起来，哭得很酣畅，不顾妆容，不计较形象，是完全敞开的一种释放。

"愁死了，我怎么说她也不听，她就是不想住校，我该怎么办啊？"她擦了一把眼泪，接着说，"我的厂里离不开我，她弟弟上五年级也得接送。我每天给她做饭，先伺候她上学，接着就得送她弟弟上学，还得去厂里接单发货、跑银行……一趟一趟，就像个陀螺。我都忙成这样了，让她住校，她死活不住，非要我晚上把她接回家。"她边说边抽搭。

原来是这样的：她有两个孩子，老大是女儿，今年上高一；老二是儿子，上五年级。自己家开化工厂，她当副厂长。本来两个孩子在一所学校上学，离家也近，不用接送，但是她觉得学校教学质量一般，就让两个孩子都去了私立学校。学校离家很远，她打算让女儿住校，两周回家一次，每天只接送在附近学校上学的儿子，没想到女儿就是不住校。

"上学第一天，好说歹说她才住了一个晚上。第二天班主任打来电话，说她在宿舍里哭，不睡觉，非得回家住不行。没办法，我只好又去接回来。回来的路上，她在车上哭得昏天暗地，问她为什么，她除了说不住校其他啥也不说，到现在两周了，每天只要一提住校她就哭。她都16岁了，也知道家里的情况，可就是不住校。"

"弟弟和她差几岁？"我插了一句。

"差五岁。她从小就不喜欢弟弟，说他是多余的，什么东西也和弟弟抢，从来不让着弟弟，还经常偷偷打弟弟。弟弟很怕她，什么事也让着她，有好吃的好玩的都给姐姐留着，姐姐没吃，他也不敢吃。在她面前，弟弟像小猫似的，但姐姐也从来不心疼，还总说我们偏爱

169

弟弟，说我们不爱她。本来想送她出去住校，省得在家欺负弟弟，也是想解决他俩之间的矛盾。"

说完，她问我："老师你说，现在这种情况，我是硬把她放到学校不管呢，还是听她的不住校好呢？"

"你觉得硬把她放在学校住校能行吗？"

"大概是不行。现在闹得她动不动就说'不想活了'，我也是害怕有个万一。"

"那么，不住校能行吗？"

"行是行，就是我会很累。她实在不想住校，那我就每天接送她，无非厂里顾不上，那也不管那么多了，先管孩子吧。"

最后，她决定不让孩子住校了，她看上去有些无奈。

不到一周的时间，她又打来了电话说："不让女儿住校，她一切都很好，可是她弟弟生病了，我要带他去北京检查一下，最少需要三天。姐姐直接不让去，大哭大闹的，一个晚上都没睡觉。她说让爸爸带弟弟去，她就是不能离开妈妈。"

我说："如果孩子愿意的话，我们一起见个面聊聊吧。"

她很爽快地答应了。不久后，我们约着去了一家咖啡厅。

孩子不说话，能看出来，她是极其不情愿来的。妈妈很聪明，没有勉强孩子，我们只是简单聊聊天。

妈妈说："只要我能给予的，我都会做到，让她去最好的学校，万一考不上大学，可以直接出国，家里也负担得起。她所在的班级只有 16 个孩子，课程开得很全，上个周末还组织了美食节，我让孩子带了很多好吃的，我说能带多少就带多少，分给同学吃，是不是，宝贝儿？"妈妈说着转头看向女儿。

她一边说一边用手抚摸着孩子的腿，低声祈求地说："放下手机，宝贝儿，妈妈知道你是最懂事的，我家宝贝儿除了不想住校，哪个方面都好，非常优秀是吧？"

……

因为孩子一句话不说，我们的聊天也没法进行。女儿吃了些零食，妈妈就带女儿去买鞋了，答应女儿看中什么样式的就买什么样式的，只要她和姥姥在家好好的就行。

第二天，她要带儿子去北京了。我们没有再沟通，到底是怎么去的，我不得而知。

又过了一周，她又打来了电话，一接通便听到她在哭，说今天女儿又不去上学了，吵着说"妈妈偏爱弟弟"，怎么哄也不行，哭得一把鼻涕一把泪的，而且有点儿发烧。

妈妈说："听她姥姥说，我一回家，她就哭得很厉害，可我一离开家门，她马上换了副嘴脸，还和姥姥有说有笑的。我知道，每次她发脾气，过一会儿就主动跟我道歉，我就和她好说好商量，她都答应着。可是回头接着就犯错，简直愁死人了。这不，她又把自己关进屋里了，谁都不让进，在那里赌气。"

"她每次发脾气后，接着会先道歉，你们就原谅她，给她做好吃的，是这样吗？"我重复着妈妈的话。

"是啊，她说'妈妈我错了'，我一看她很乖，就给她讲道理，她都老老实实地听着。我觉得她闹腾得没吃饭，又认识到错误了，心就软了，就给她做点吃的，一般是煮点她最爱吃的馄饨啥的，我也知道不该这样惯着她，但这不是心疼她的身体嘛。"

"你刚才说，她当着你的面哭得昏天暗地，可你一离开，她和姥姥就有说有笑、又吃又喝的？"我问道。

"是啊，这个孩子就是这样制约我，故意这样对付我。"她说话的速度明显放慢了，好像开始思考起来。

"那你有没有想过，她为什么这样专门对付你而不对付别人？"

她沉默了，过了一会儿说："看来她料定我是吃她这一套的。她每次闹完一道歉我就原谅她，我其实挺心疼她。"

"所以，这个办法很好使。"

她恍然大悟似地说："是啊，我得先改变这种做法。"

她开始有所觉察，我给了她两个建议：第一，在心里把孩子看成大人，她不再是小孩子了，要用对待大人的方式和她交流。第二，改变这种应对模式，首先不要轻易惹她，一旦出现哭闹，不用着急理她，要冷处理。

奇点透视

救孩子的妙招，就藏在父母的软肋里

很多家长是这样的：诉说的是孩子的问题，比如上文中母亲提到的孩子不住校、不上学，其实真正的问题在于她自己。

这些孩子，其实就是想得到父母更多的爱，他们知道用什么样的方法最管用——抓住父母的软肋并进行要挟。

对她来说，妈妈的软肋就是对她的溺爱，对她过分的心疼。在她成长的过程中，一次次的试探让她知道，没有什么比"破坏"自己更让妈妈着急的。开始的时候，她会大哭，哭得眼睛肿胀，哭得上气不接下气，妈妈会心疼；后来不吃饭，开始"破坏"身体，让自己肚子疼、发烧，妈妈更会心疼；再后来，就拿自己生命开玩笑，来博取妈妈最大限度的关爱。

随着较量的升级，对自己"破坏"的程度会渐次加深，更可怕的是，有这种行为的孩子他们自己并不知道这是一种可怕的自毁模式。毁灭自己，毁灭家庭幸福！他们彼此在其中，痛苦地挣扎，像是拔河，尽管都已经精疲力竭，但谁都放不下手中的绳。

始作俑者，就是一只无形的手——无原则的爱，让这位母亲像老母鸡一样始终用翅膀护着自己的鸡崽，不舍得放开。在母亲的心中，孩子还没长大，自己一直欠着孩子的。荣格说的"过度母性"就是这个意思，只有孩子在她的翅膀底下，她才感觉安全的，否则，她会惊慌失措，而孩子也乐在其中不想长大。

这一切都发生在无意识中，也就是在无意识中，他们还是始终粘连在一起的。所以，当现实中需要分离的时候，对他们彼此来说，都是痛苦的，不但孩子不愿意分离，妈妈的潜意识中也是不愿承受这份分离之痛的。

不能承受看到孩子被痛苦折磨的痛，她会不断地讨好，并在孩子犯错后不断地选择无原则的原谅，甚至亲自为她做最喜欢的美食，这难道不等于对错误的放纵吗？

要让孩子健康成长，分离是必须的。

这种分离是从内心发生的，是两个生命精神上的独立，而绝不只是像分床一样。如果父母内心里总把孩子当作翅膀底下的小鸡崽，那其实是始终在用无形的手罩着孩子，使孩子永远无法长大、分开、独立。

⑥　发现过度逆反的行为推手

习惯之所以决定命运，是因为二者已经相互融合难以觉察；父母的不良习惯之所以会让孩子出现过度逆反，也是因为难以被觉察。

父母对孩子情绪过差，冲孩子发火，迟早会遭到孩子的反抗，除非父母强制把孩子压住，使其一生不得反抗，让孩子成为生长在大石头底下的不见天日的羸弱小草。

当孩子十二岁以后，父母如果还对其言行强制约束，要么会摧毁孩子的自信，要么使孩子失去亲情，二者必居其一。

再也管不了的"乖孩子"

千万别把孩子管得无处躲藏，那是孩子暴发的边缘。

早晨晨练刚回来，我手机忽然响起。

"昨天晚上，我儿子离家出走了，找了半夜也没找着，我们快要急疯了。还好，早上五点多他自己回来了，可连早饭也没吃就上学去了。"

这是一位妈妈，她说得很沉重，听得出非常生气并夹杂着伤心。

对她儿子出现这种情况我早有预见，这一刻，孩子终于爆发了。

"这次真的不是我的事儿，我就问了他一句话，他就火了。"妈妈开始着急地解释起来。

听着她的诉说，我似乎感受到她对这件事的认知和态度。我开始担心孩子下一步的发展，正如五年前担心眼下这种情况会发生一样。

"我从头说给你听。"听到我没说话，她接着说，"这段时间，大概有两周了，他一直想要参加校级篮球比赛，我觉得快要考试了，不想让他去，可我没有直说。他知道我不会同意，也不说话，但是看得出，他每天总在盘算着要去参加比赛。昨天晚上放学回来，他一边吃水果一边高兴地说班级比赛快打完了，接着就是校级比赛，水平会更高，然后说想买一副打篮球专用的眼镜，我说'买个那个干什么，又戴不了几天，质量不好，还伤害眼睛'，就这么一句话，他一下就火了，大声吼道'这不让那不让，啥也不让。'"他爸爸看他那个样子，说了他几句，他拿起遥控器就摔到地上了。他爸爸也火了，拿起凳子就要打他，他瞪着眼，像发怒的狮子一样，我赶紧把他爸爸拉到一边，幸亏他爸爸还听我的。他俩都一米八多，万一真打起来，我这么小的个子，能拉动谁啊！看他当时那个样子，不要爹不管娘的，简直气死我了。"说着，她开始哽咽起来。

"你觉得他为什么有这么大的火气呢？"我问。

"谁知道啊，这次真的不是我的事，我就是说了一句话。自从听你讲了青春期的孩子需要尊重和信任，要少讲道理、少干涉，我很注意了。你看，现在怎么样都不行，我只说了这么一句话，他就这个样子，简直像是仇人。这个白眼狼，养他这么大，打也打不得了，骂也骂不得了，还对父母这个样子，你说我们能不生气吗？"她说着，嘤嘤啜泣起来。

"你的意思是，就因为这　句话，他就发那么大的火？"我问。

"是啊，就这么一句话，怎么就惹得他那个样子？也可能前些日子，他和同学出去吃饭回来得很晚，我和他爸爸骂了他一顿，他心里一直窝着火；也许是这个周末他不想去奶奶家，我强制他去了，他当时没说什么，但很不情愿；也许最近他想从网上买双鞋，我们不让，他虽然不说，但在心里憋着……你是没见过，他瞪着眼睛的样子很吓人，咬着牙，恨得要爆炸似的。"

她努力搜寻着记忆中最近发生的可能会引爆孩子情绪的事情。

"这个孩子很敏感，每次他要说个事情就先用眼看着我，我一开口说话，稍有不顺着他的，他就瞪我，以为我不同意，就转过头什么也不说了。要不就是他说完后瞅着我，还没等我说什么，他就说'又不行啊'。我又没说不行，他自己觉得会是这个结果。而且他经常对他奶奶说'在我妈那儿就没有行的事'，好像我多么难伺候。"

"他说'在我妈那就没有行的事'的意思是什么？"我笑了笑问。

"他就觉得我管得很严，啥也不让他做。"她顿了顿，接着说，"我们觉得男孩子如果不严格管理，学坏了就不好了，所以，从小我们就管得很严，一般的毛病不让他有，比如吃垃圾食品、贪玩晚回家、穿奇装异服、留怪发型等等，这些我都不允许，他也不敢。他从小很听话，做什么事总是先问问我行不行。有时候他自己知道不行，就说'反正你又不让我'也就不做了。"

"他从小一直这么听你的话？"

"他小的时候很听话，也很乖巧，邻居都夸他像个小姑娘。有时候他也不听话，我一发火，他就不敢了。但是，他越大越不听话，我的脾气也被他逼得越来越大。自从他上了初中之后，我发火有时候也不管用，他还经常跟我吵架。上了高中稍好点了，我觉得他好像懂点事了，但他说他自己懒得和我吵了。最近他天天不开心，这不就因为一句话，我又没多说，他就发火了，差点和他爸爸打起来，还摔门而去，这该怎么办啊？"

"你的意思是说，他小的时候很听话，要是不听，你就发脾气，他不敢不听。但是随着慢慢长大，他越来越不想听你的，开始反抗、争吵。

后来，他不跟你争吵了，用他的话说就是懒得和你争吵，但很多事却憋在心里，是这样吗？"我重复并总结了她刚才的意思，她答应着。

"但是，这次我真没发脾气，也没讲道理，就说了一句话，他就火了。"她很无辜地说。

"当时你说那句话是为什么？"

"其实，他心里想什么我都知道，他一张口我就知道他要参加校级篮球赛，我就很生气。快要考试了，耽误时间不说，万一磕着碰着受伤了不就很麻烦吗？但是，我也没直接说不同意他打篮球，只是说买这么副眼镜没有用。"

"你能看出他知道你不同意并感受到你心里有气了吗？"

"他很敏感，肯定早就知道我不同意他参加比赛，也肯定看出我生气了。"

"也就是说，你说这句话的时候是带着反对的态度和愤怒的情绪的，而他听的时候读懂了你的态度并感受到了你的情绪，知道你不会同意并可能会对他发脾气，是这样吗？"

"可能是吧。"她低声说。

"其实，他一直在为你们不同意他参加比赛这件事憋着气，甚至一直在为你们总是支配他并反对他的意见憋着气。他非常厌恶你们的管控，很想得到自由，是这样吗？"

"是啊，是啊。他经常说，他从来没有自由，什么事都要听父母的，别人家的孩子都不这样，人家自己愿意干啥就干啥；还说我天天教育他，口头语就是'你不能……'"说到这里，她沉思了一会儿。

"可能就是管得太多了……这不是不放心嘛。今天忘了嘱咐，他就没穿外套去上学了。一看不见就不穿秋裤，这么冷的天，不是害怕他受凉啊！"她振振有词地说着，感觉自己付出了很多，却没有被理解，很是委屈。

"想一想，对于上高中的他，你还管过哪些事？"我笑了笑说。

"再就是，他不经常喝水，害怕他上火，我就天天强制他喝水；早上不起床，我就天天说他懒；平时的争吵无非就是为穿衣服挑剔、写作业拖拉、不喝开水喝饮料、玩手机、周末熬夜、乱扔东西、不讲卫生等等。"

她一边数落一边反思，慢慢地，她说："这样看起来都是些琐碎小事，原来天天争来争去、让一家人不愉快的都是这些小事啊，但是越争吵他越不听话、越厌烦，甚至讨厌我们。开始的时候还只是反抗，只是吵两句，现在直接就不听了，甚至摆出架子要和他爸爸打架，什么也不怕。"

"他是不是受够了这种约束，实在憋不住了？"她说得很慢，似乎在自言自语。

我笑了笑，没有说话，看来她自己已经悟到了。

"看来，孩子长大了，不能啥都管了，就像你说的，该放手了。"她有些无可奈何又很伤感。但说出这些后，明显感觉到她轻松了许多。

"是的，管得太多了，是该放手了。"

她边说边起身，低着头，好像在整理自己的思路。

奇点透视

错把管控当规矩

当一个孩子被管得无处躲藏的时候，他必定要反抗。因为，他的生命是有力量的，不会被长期地压制着。就像一棵小草，即使被大石头压在底下，总有一天，它也会挣扎着钻出头来。

一个孩子如果长期被事无巨细地管制，就像小草被大石头压着一样，起初没有露出头，但它无时无刻不在酝酿着反抗的力量，而这力量的源泉就来自父母的强制程度。父母强制得越多，这力量积攒得就越大，所以，父母对孩子发过的脾气，迟早是要还回来的。除非父母完全把孩子压住，使其一生不得反抗，成为生长在大石头底下永不见天日的孱弱小草。即使这样，它也会挣扎呼喊：我要自由。

这让我想到了以前刚出生的小孩，妈妈会把他的胳膊、腿顺好，用小棉被直溜溜地包好，不让他乱动，小孩也就着实老实了，因为以他的力气根本就动不了。

有些小孩甘愿被包裹，有些小孩会哭闹挣扎，反而被父母包裹得更严实了，最后也就不再哭闹了。但是，这种约束和强制，只能是在小孩没有足够力气反抗的时候，一旦他长大，便会反抗。

聪明的父母不会使劲捆绑，适当地放开才会有孩子更好地成长。所以，对于孩子，原则要坚守，但也要给予足够的自由，才能他们保证成长得更健康更快乐。规矩是力量的载体，而盲目的管控只能造成他们爆发式的反抗。

懂规矩，是教会心灵识别方向，完成一种由内而外的自觉成长，而过多的管控和强行压制是导致孩子过多叛逆最根本的原因。

⑦ 不懂事的，为什么一定是孩子

当父母认为自己的孩子必须比别人家的孩子好，才能成为爱孩子的条件，那父母就是极端自私的。

当吃饭不再是孩子自己的事，饭桌成为"可怕"的去处，孩子就会用挑食、寻事来抗拒。

爱与控制的边界，体现的是父母的认知层次和对教育的理解程度。

你的好，恰恰是我的不好

爱的收支需要平衡

这是一个高挑瘦弱的男生，19 岁，五官端正，棱角分明，这个本该充满阳光的男孩却被满脸的阴云遮住了生命的活力。

"我就是为他们学习的机器，或者就是他们的一个玩偶。"他说话的声音很低，眼睛一直看着地面，"这两次放假回家都和妈妈吵架了，我简直受够了。"

"你是从什么时候开始经常和妈妈争吵的？"我轻轻地问。

"高一下学期。以前我很听话，其实不是想听，而是忍着，不论他们说什么，我都答应着，只为了让大家不生气，我自己天天忍着，可现在实在忍不住了……"他的眼圈发红，抬起头看了看天花板，像是在努力地忍住要流出的泪水。

"大家是谁？为什么生气？"我好奇地问。

"我爸爸妈妈、爷爷奶奶，从我记事起，他们就经常吵架，基本上都是为了我：要不就是为我穿什么衣服，要不就是为我吃什么饭，要不就是因为爸爸惯着我……记得他们吵得最凶的一次，当时我上小学四年级，奶奶要给我穿上棉袄上学，妈妈说很热，偷偷把棉袄放到地下室里，没想到那天不知道怎么了，放学回家我发烧了，奶奶就冲妈妈发火，她们吵了起来，妈妈赌气回了姥姥家，待了大概一周多，我就哭着要找妈妈，最后奶奶给我妈妈打电话道歉才算完事。"

"你是说，你们和爷爷奶奶住在一起，爷爷奶奶帮着爸爸妈妈照顾你？"

"是的，我们一直住在一起。我知道爷爷奶奶很疼我，可是一家人都管我……只要我一感冒，全家人就会争吵，奶奶就说妈妈给我穿少的缘故，爷爷就说奶奶给我吃撑了的原因……吃饭的时候，哪个菜都得吃，爷爷总是让我多吃青菜，奶奶天天让我多吃肉、鱼，妈妈就天天研究保健食品……不吃哪个都得罪人。为了让他们不争吵，他们说什么我就听什么。我的作业都是最少被检查三遍，妈妈先检查，奶奶不放心也看一遍，爷爷再看看，唉！"

他非常无奈地说着，我也很无语地听着。其实，像他这样成长环境中的孩子有很多，家里几个人都来"爱"一个孩子，弱小的肩膀必须承担起他们所有人各有特色的"爱"。但，直觉告诉我，这应该不是他最大的苦恼。我看着他，等他继续说。

"我最大的苦恼是我的学习，他们都比我更着急，天天催着我学习，好像我就是他们的学习机器。上了高中以后，让我受不了的是，他们表面上总说不在乎我考得好不好，只要我健康成长，考个什么大学都好。我知道他们心里在想什么，我考好了，他们就高兴得到处炫耀；考不好，一家人拉着个脸，阴云密布。总之，家里所有的话题都围绕学习，这让我实在是烦透了。我又不是不学习，但上了高中后，我已经感觉到很大压力，可他们非但不体谅，还一直唠叨，我简直要崩溃了。现在直接学不下去了，上课经常走神，烦躁得不行。关键是和我妈妈说不了两句话就吵起来，每次吵完我又很后悔，恨自己无能，可是我又控制不了自己的情绪。"

他低下头，皱着眉。

"现在最令你最苦恼的，是你和妈妈的关系，是这样吗？"

"是的。我其实并不愿意和妈妈吵架，但又实在控制不了自己，她开口就是'学习，学习'，学习有那么重要吗？这两个月吵得少了，是我实在不想和她吵了，直接不想和她说话，因为我俩总是说不到一个点上。老师，您明白吗？就是说出来总不是一回事，您明白吗，老师？"他有些着急又非常期待地看着我。

"总是不在一个频道上，对吗？"我笑了笑。

"对，对。"他使劲地点头，"就是不在一个频道上。他们的频道里只有学习，而且无论调到哪个台，都是'学习'一个内容，怎么调也调不开。"

他无奈地笑了。

烦恼让他喘不过气来，于是他主动来求助了，但是要想真正解决问题，需要深入家庭，不仅爸爸妈妈，还有爷爷奶奶，是整个家庭的教育方式出了问题，他只是家庭动力系统上最薄弱又最关键的环节，而所有大人都不会反思自己，看到的都是孩子的问题。

他很高兴地答应让父母来做咨询。他看上去非常轻松，似乎自己马上就有救了。

奇点透视

有条件的母爱

　　每次讲座上，我经常问听众同一个问题：世间最无私的爱是什么？回答几乎异口同声，是"父母的爱"。可是，这是真的吗？

　　孩子，你什么也不用做，只要好好学习就行。

　　孩子，我省吃俭用就是为了你，能上个好大学，将来找个好工作。

　　孩子，只要你学习好，我什么都给你。

　　孩子，只要你好好的，认真学习，我什么都不奢求。

　　孩子，我把所有的钱给你买房、买车，为了让你不比别人过得差。

　　……

　　这些爱，听起来够伟大无私了吧？但是仔细看看，每一个表达里面都有个深深的期待，都有个清晰的条件，那就是：你一定要好，要比别人好。

　　我付出如此多的爱，条件是你必须要好：学习比别人好、工作比别人好、生活比别人好……如果你不够好，我就伤心生气，接着就冷暖大反转——我什么都为了你，你却……越说越伤心，一把鼻涕一把泪。

　　当"孩了必须比别人好"成为爱的条件，那就是极端的自私。

　　你给孩子的是滋养生命的爱吗？不是，这是压力，是债务，是绑架！

　　这让我想起一次我带领一个父母成长小组做代际传承体验的活

183

动。几代人排列站立，一位三十多岁的妈妈学员，自己是独生女，家庭条件非常优越，当她站到孩子位置上的时候，她稳不住了，偷偷回过头，看着身后的长辈，眼泪哗哗地流下来。她说，自己的两个肩膀很疼，因为她强烈地感觉到站在她后面的长辈们给了她无限的压力。

前面来咨询的那个男孩何尝不是这样的家庭局面？

爱的收支需要平衡，在和谐的家庭里，每个成员的付出和获得都是平衡的。付出爱的同时，你会得到肯定和赞赏，自我价值因此而增强。

好多父母却不是这样认为的，他们觉得一味地爱孩子、"一切为了孩子好"就是爱。

一位家长说："我的孩子五岁了，从来不主动吃饭，早饭基本不吃，好像和饭菜有仇似的，即便勉强吃饭也太挑食，不吃青菜只吃肉。我们全家人快愁死了。"

他们"全家人"指的是祖孙三代外加一位保姆，在这个家庭里，五个大人对待一个孩子。爷爷奶奶把孩子当传家宝，爸爸妈妈视为掌上明珠，保姆围着孩子转，一家人的"爱"都倾泻到孩子身上，关注的焦点是孩子吃了多少、吃了什么。饭桌上大家都盯着孩子，并且以自己的感觉要求孩子多吃点这个多吃点那个，孩子一旦少吃了一点，便被群起而攻之。这"浓浓的爱"，孩子承受得了吗？饭桌成了孩子最害怕的地方，他怎么能好好地吃饭？

当吃饭已经不再是孩子自己的事，饭桌便成为"可怕"的去处，孩子就会用挑食、寻事来抗拒。

尊重孩子、培养孩子的自尊才是真正的爱，爱一旦带了条件就是控制，就是父母在满足自己的心理需求，是父母没有安全感的表现。就像网络上流行的一句话：有一种冷叫作妈妈觉得你冷。孩子到底是什么感受并不清楚，是妈妈觉得冷，而妈妈一旦觉得冷，孩子就必须多穿衣服。

一位高中生妈妈说，她必须两三天就得去学校看看孩子，给他送点饭菜啥的，但孩子似乎并不愿意要。孩子不但不感激，反而很反感，还冲她发脾气，嫌弃她打扰他。真不明白这孩子是怎么了。

孩子不需要饭菜，可是妈妈觉得如果"做了好吃的不给孩子送去"，自己就吃不下，两三天见不到孩子就寝食不安。所以，妈妈必须要去看孩子，于是就去送饭菜。这送的哪里是饭菜？分明送的是妈妈的担心和焦虑。

把自己的心理需求强加给孩子，错误地认为这就是对孩子的爱，一旦孩子表示出抗拒，就立刻指责孩子不懂事、不听话、不心疼父母、不懂感恩、没有良心。这其实是爱的错位的表现。

可怜的孩子，真无辜！

⑧　陪读生，为何大都问题多

　　父母牺牲自己的工作和生活，帮助孩子做本该是孩子自己的事情，是无意识中的控制欲在作祟。

　　越是无意识，这种不自觉的对权力和控制的欲望就越强烈，表现在生活中，就是要努力抓住自己的孩子，甚至入侵到孩子的世界中，事无巨细地指挥管理，从而引发孩子的负债感，甚至负罪感。

　　孩子产生负债感的程度与学习有直接的关系：学得好了，感觉这债抵消了，认为父母对自己的付出理所当然，这是不懂感恩的萌芽；学得不好或者学不下去，只要学习遇到障碍，就会有深深的自责感和负罪感，这种感觉越强烈，他们学习的状态就越差。

　　一切只因为父母没有保护好孩子的成长边界。

女儿，你为什么要赶我走

相对于内心的折磨，生活中吃饭、睡觉的困难算什么？

　　这是一位身材娇小的母亲，齐耳短发，长着一张娃娃脸。本该很好看的面容，但紧皱的眉头和下垂的嘴角让人觉得她此刻内心很痛苦。她说："我不知道该怎么伺候闺女了。我每天小心翼翼地陪护着，到现在离高考只有两个月了，她却发疯一样要赶我走。"

"您在陪读？"我直截了当地问。

"是的，去年9月份来的。选择来复读，也是她第一次离开家住校。我知道她会不适应，因为自从生下她我就没上班，一直精心伺候着她。她吃饭很挑食，嘴很刁，还必须每天洗澡。对她来说，住宿肯定是不行，但她坚持住校，结果不出所料，住了两周就打电话说自己吃不上饭，因为时间紧、排队长，自己吃饭又慢，只好每天将就着吃饼干。我一听，这哪行，就直接过来，在校园的家属区租了幢房子开始陪读。

"于是，吃饭、洗衣服、打扫卫生……什么事也不用她操心，甚至连每天起床我都会叫她。每天放学后，我早就把饭菜做好，饭菜换着花样吃，水果随着时令买。她需要的学习用品，我都出去替她买回来。她只管专心学习就行，我觉得我伺候得够用心的了。

"可是，自从春节后，她就变得很烦躁，动不动就发脾气，一吵架就让我回家，她说她要和同学一样自己住。我知道她根本就不行，食堂的饭菜她吃不习惯。

"学习成绩一直没有提高，我也找老师问过了，老师说这个孩子学习很认真，就是看上去压力有些大。可是我从不给她压力，我经常对她说：'生活上的事，你啥也不用管，我全给你照顾好，你只管学习就行，只要你尽力了，考个什么大学都行。'"

"孩子的成绩现在是什么情况呢？"我问道。

"400多分，去年离本科线差20分，今年到目前为止，成绩基本上没提高。我也是非常着急，但是又不敢说她，就偷偷去找老师问情况，老师也说不出什么问题来。你说，许多孩子都主动找妈妈来陪读，她怎么还赶我走？这几天闹得厉害，我真不知道该怎么做了，到底是走还是留下？我走了，她在这里肯定不行；我不走吧，她大哭大闹，说看到我就心烦。竟然说：'求求你了妈妈，你再不走，我就要疯了。'"

说到这儿，她泣不成声了。看得出，她是真的不知道何去何从，也不知道孩子到底为什么这么坚决地赶自己走，但她仍旧在努力寻找答案。

"和我们合租房子的还有两个小姑娘，人家每天晚上都学习到11点多，她却无动于衷，我很着急。前两天我说了她两句，我说，你看隔壁那个小姑娘学习劲头真大，咱也学学人家，又害怕她有压力，我又说，其实也不能学到那么晚，第二天没效率。"

说到这里，她猛然抬起头，一副恍然大悟的样子。

"是不是我说这些的缘故？这几天她脾气特别大，说不愿意看到我。"一下午的诉说让她开始反思自己的言行了，接着说道，"我就是来咨询一下，这种情况我是走呢，还是留在这里呢？"

接下来我们的谈话很简单。她的在我引导下的这番诉说，已经帮她重新看到自己，是她对孩子太过于控制了，太没边界感，无意识的言行给孩子带来了巨大的压力，这一切根本上是因为她越界造成了孩子的焦虑和烦躁。

在孩子的生活中，父母适当地撤退或许就是最好的做法。

奇点透视
是什么阻挡了爱的流动

这样的故事发生在很多家庭里，尤其是当孩子上高三了，有的家长会不惜一切代价去陪读，目的是帮孩子解决生活琐事，让孩子集中精力只管学习。

在复读学校周边住着一大批陪读妈妈，她们很多是不顾工作请假过来的。有的请假几个月，有的请假一年，还有的直接带着两个孩子从外地过来，大的复读，小的就近读书。爸爸们有的周末从外地过来，有的较长时间过来一次，有的干脆不过来，等孩子放假一起接回家。

陪读家长的出发点是好的，她们就是为了让孩子生活得舒服一点儿，为了孩子学习条件好一点儿，绝大多数家长会说自己"从来不给孩子压力"。

但是她们不会想到，这种做法本身就给孩子带来极大的压力。孩子已经长大了，有明辨是非的能力，他们的内心十分明白该做什么不该做什么。

听听咨询室里那些被陪读孩子的诉说：

"成绩提高得很慢，我很着急。最近考试又多，每次发试卷看到错了的题目，我就想把试卷撕掉，心里烦得要命，回家也不敢说。为了我，妈妈都请了病休假，每天精心照顾我，我还这么不争气。现在她一问我想吃什么，我心里就有一种说不出的滋味，觉得很内疚，然后就很烦躁。"这是一个男生的诉说。

"最近我无法集中精力学习，总是胡思乱想。妈妈请假在这里陪读，爸爸每周五下班过来，周一早上回去上班，开车单程得一个半小时。这两天我总是担心，非常担心爸爸，尤其是周一早上他开车回去上班，他一走我就开始担心，在教室里想各种不好的事情。老师讲着课，我就走神儿，想爸爸到单位了吗，路上不会有什么事吧，不会出车祸吧……想到这里，我就吓得回不过神儿来。我讨厌自己胡思乱想，可就是无法控制。自习课时更是乱想，当作业很多的时候或者题目很难的时候，我就想，为了我，妈妈住在这里，没有亲戚朋友，爸爸跑来跑去，如果我学不好，就是最不能原谅的。一想到这儿，我就根本学不下去。"这是一个外地来山东求学的女生的诉说。

……

类似的声音在咨询室里常常听到。或哭或笑的诉说中，包裹着他们沉重的心情，自责，内疚，压抑，无助，甚至超低的自我价值感，让这些本该活力四射的生命艰难地挣扎着，难以喘息。

陪读，尤其是父母将"都是为了你好"挂在嘴边的陪读，给孩子带来了巨大的压力，这种压力往往在彼此心照不宣中，而这种心照不宣更阻滞了亲子间爱的流动，随着时间越来越长，这种阻滞就会积累成不良情绪，泛化到生活中，到处寻找突破口伺机宣泄。

"老师，我快要疯了。还有两个月就要高考了，可我学的东西好像变得很陌生了，我什么都不会了。这还不是关键，关键是我受不了我妈妈，放学一回家，她只要看到我心情不太好就打破砂锅——问到底，非要问明白到底怎么回事。"这个高三男生既要承受来自学习和高考的巨大压力，又要照顾妈妈情绪。

上学本来就是孩子自己的事，父母牺牲自己的工作和生活，是在帮助孩子做本该是他们自己独立完成的事情。对于一个十七八岁的孩子来说，这种过分担心的溺爱和陪读，实际上是对他们能力的贬损。这个年龄段的孩子，其实是有一定的分辨能力。

父母心甘情愿还好，最怕的是父母一边陪读一边抱怨，总觉得自己作出了很大的牺牲，言外之意就是孩子应该领情并予以回报，他们最想看到的回报就是孩子学习好、成绩高。虽然他们嘴上说不图回报，但是哪个陪读的家长不在内心里有个很大的期待？期待孩子知道父母陪读不容易，因此会更知道珍惜，加倍努力取得好成绩。这种期待其实就是压力，是父母给予孩子的债务，让孩子总觉得自己欠了父母的。负债感的程度与学习有直接的关系：学得好了，感觉这债抵消了，父母对自己的付出是理所当然的，这是不懂感恩的萌芽；学得不好了或者学不下去，只要学习遇到障碍，就会有深深的自责感和负罪感，不顾自己，先考虑的是对不起父母。而这种感觉往往会对学习帮倒忙。自责感和内疚感越强烈，他们学习的状态就越差，学习的效果也越糟糕。

如果孩子能够说出来是好事，说明孩子对自我的认识还是比较清晰的，他愿意自己去面对困难，不想再增加一分自责和内疚。其实，相对于内心的折磨来说，生活中吃饭、睡觉的困难已经不算什么。父母如果坚持入侵他们的生活，只能给孩子带来更多的苦恼，并造成亲子关系的破裂。

父母是不是该反思一下：孩子不同意，而自己非要坚持陪读，其实并不仅仅只缘于一个理由——为了孩子好，这很大程度上是父母自己的内心需求，是满足自己照顾孩子的需要，满足自己被需要的错觉，是一种过度母性的延伸。在她们的心里往往只有孩子，孩子是她们的全部，她们离开孩子便觉得失去了存在的价值。

而事实上，越是无意识，她们这种不自觉的对权力和控制的欲望就越强烈，表现在生活中，就是她们要努力抓住自己的孩了，没有限制地入侵到孩子的世界中，事无巨细地指挥、管理，只感觉到自己的被需要，她们才感觉到安全。

其实，大多数妈妈的陪读，很大程度上是在帮自己，无须把账记在孩子身上。

第六章

从万念俱灰到朝气蓬勃，只差一个"看见"。

恐惧、自闭、自卑、悲观……这些词语在他身上都有。

老师、家长、亲友……所有的教育合力在他身上都失效了。

山穷水尽处，哪有通往柳暗花明的入口？

① 名次背后的陷阱

懂得尊敬对手的竞争者，才是真正的强者。

开心愉悦的感觉可以来自于自己的胜利，但不是取决于竞争者的失败——这是高手的格局。

当"名"化为枷锁套在身上，"实"便虚化了。特别是好心人安慰他的失利仅仅是偶然的时候，这种好心越多，"名"的枷锁便套得越牢固。

所有的名次都有枷锁功能。当一个孩子被枷锁绑定，那他（她）很可能发展成"高分低能"，甚至下滑为"低分低能"。因为，他（她）已经看不见事物的本质。

纠缠在第一名的男孩

形成正确的身份认同感，才有美好绚丽的人生。

班主任带着他走进我的办公室，非常宠爱地抚摸着他的肩膀，用慈爱的目光看着他，又转头对我说："这是我们班的好孩子，各方面都非常优秀，学习成绩一直是第一名，今天想和你聊聊，你陪陪他吧。"语气里充满了顺从和讨好。

这个孩子扭扭捏捏地说了声"老师好"就局促地坐下来。这里只剩下我们两个人。

"有什么需要我帮助的吗？"我先开口问道。

其实，在他来之前，我大概知道他的情况，他的班主任和年级主任以及分管校长都很急慌地找过我。他们说，这个孩子最近学习不在状态，考试成绩严重下降，已经两次不是第一名了；上课经常烦躁，做题时走神儿，一考试就紧张。很多老师轮流和他谈话，可是越谈他越烦躁。他说自己经常四肢无力，每天只想睡觉。

他看了看我，很无力地说："老师，我现在很想找回以前的学习状态，可是我做不到，我很心烦。"

"你的意思是说，你丢掉了以前的学习状态。是什么时候丢的呢？当时的情况是什么样的呢？"

"就是高三上学期期中考试以后。老师，你知道我一直是年级第一名，那次考试却考得不好，成为年级第二名，总分被第一名落下8分，这是以前从没有过的事。我从来都是第一名，比第二名高出很多分，经常是10多分，有时到过20多分。"他说到这里开始兴奋了，有力气了，好像回到了从前的自己。

"但是，那次考试成绩出来后，我直接不敢相信我的眼睛，心里特别难过，整整哭了三个晚上。老师和所有的亲戚都来安慰我，说我只是偶尔失误，下次考第一名没问题。我觉得也是，并且下狠心找自己的不足，横竖觉得那个考了第一名的同学不如我。可是又一次拉练考试，我又考了第二名，但第一名的却换成了另一个同学，比我高5分。我觉得自己发挥得也可以啊！成绩一出来，我简直要疯了。那次我请假一天半没上学，但是在家里我也待不下去，总觉得其他同学都在努力，尤其是超过我的那两个同学，他们努力的样子总在我眼前晃荡。"

他变得沮丧起来。

"你的意思是这种状况让你弄丢了原来的学习状态？"我问。

"是的，因为考砸了，我就努力找原因，看到别的同学都在学习，觉得是不是自己努力得不够？考试时，我努力提醒自己仔细看好题目、不要粗心，可是越是自我提醒，却越粗心，丢的分数越多。现在上课经常走神，一考试就紧张，总担心因粗心丢分。以前不是这样的，什么也不用考虑，只要把我会的发挥出来就能考第一名。"他长长地舒了口气。

"你的意思是说，你考了第二名，于是自己努力找原因，但越找越学不好，到现在害怕考试、厌恶学习、无法集中精力，为此你又很痛苦，越痛苦越学不好，是这样吗？"我重新梳理了他的意思，他很快地答应着。

"我该怎么办？怎么才能不想这些乱七八糟的事，找回以前的学习状态呢，老师？"他很焦急地问。

"你说你一直是第一名，可你允许别的同学考第一名吗？"我问。

"不允许，我从来没有考过第二名甚至更差的，并且分数经常比他们高很多。"

"你的意思是说，你不允许别的同学考第一名？"我追问道。

"不是，我不能考第二名，老师们也这么说，我就是第一名。"他有点着急了。

"你的意思是说，你是第一名，现在全年级 2000 多名同学没有谁会超过你。"我顺着他说。

"是的，我觉得他们没有实力超过我。我一直很努力地学习，我的综合实力比他们强。老师们这么说，我妈妈也一直这么说。"他开始攥紧拳头。

"你的意思是说，以前你是第一名，以后也永远不会有人超过你？"我继续追问。

"我觉得是，他们真的没实力。"他瞪着眼睛看着我，一副全力抵抗的架势。

"也就是说，你必须是第一名，别人不能成为第一名？"我变了个说法追问。

"也不是别人不能成为第一名，但我没有理由不是第一名！"他仍然非常肯定地说。

"可现实是两次你已经不是第一名了，有两名同学超过你了，是这样吗？"

"不是他们超过我了，他们没有那个实力，而是我那两次发挥失误了。"他脸涨得通红。

"可事实上，是不是他们超过你了？"我继续问。

他松开了拳头，微微低了低头，答应了，但接着又很着急地说："是我发挥出现问题，如果我能正常发挥的话，我觉得我就是第一名，没有人能超过我。"

"现在的事实就是他俩的分数超过了你。我们可不可以这样理解：一种可能是经过这段时间的学习，他们的实力超过了你；第二种可能是，这两次你的发挥出现了失误。"

"我知道，就是我发挥出现失误，因为第一次考砸了，我就很难受，从那之后一直没有找回坦然发挥的感觉。"

他很着急，依然死死抱住"第一名"不放开，在他的内心深处，自己必须是第一名。

"考了多少分不重要，你更在乎的是那个第一名，是这样吗？"我问道。

"也不是。那次我考的分数就是不高，出错很多，这也让我很难受。"他努力掩饰着自己内心的真实感受。

"假如那次还是这个分数，而你还是第一名，并且领先第二名30分，你的感觉会怎么样呢？"我给出一个假设的情景，让他去感受。

他停顿了一下，说："我一定不会难受，或许会很开心。"

"好，现在看看，你的心情与什么有关系？"我笑着问他。

他沉默了。

"你其实从内心里不允许别人超过你，你必须是第一名。"我停顿了一下，看着他，他垂下了头。

"听我这样说，你很不好受是吧？"我直截了当地问他，因为我知道，从来没有人对他这样说过。

"是的。"他很坦诚地回答。

"其实，你不用太难受，这不是你思维狭隘，而是你的习惯模式，你已经把自己和'第一名'捆在一起了，考不了第一名就不原谅自己，就会努力找原因，当然也不允许别人考第一名，这才是你痛苦的根本原因。但是在现实中，别人难道真的不可以通过后期的努力实现成绩突飞猛进吗？"

他抬起头看着我，攥着的拳头彻底松开了。

"老师，我明白了，但是这样我就更沮丧了，也就是说，谁都可以通过努力考第一名。"他很真诚地说出内心的想法和感受。

"你到底要'第一'还是要一个真正优秀的自己？"

"我懂了，老师。"他沉思了一下，长长地出了一口气，目光坚定地看着前方说，"我并没有问题，只是不肯原谅自己，不肯承认别人。今后我要接纳现实，努力做好自己。"

我笑着说："现在，你的心情是什么样子呢？"

"轻松多了，浑身通透了。我只管努力就好。"他笑了，笑得很灿烂，如释重负。

奇点透视

剥离"进步与第一"的硬关联

这是典型的"第一综合征",也是"第一名们"的悲哀,其表现就是抱着"第一名"不放,他们必须是第一名,除了他们谁都不能考第一名。

就像在这个案例中,从内心里,他已经把自己和"第一名"等同起来,他就是"第一名","第一名"就是他,一旦考不了第一名,这会严重冒犯了他的尊严,他就无法承受,便开始怀疑自己。正像他说的,别人都在议论:×××是不是不行了,没有实力了,失去光环了。这对他来说是个致命的打击,失去"第一名"等同于失去自我。他开始不认识自己,开始怀疑自己,于是努力寻找自己的不足。但寻找的过程本身就是分心走神儿的过程。当他发现可能是因为走神的原因的时候,立刻像抓到了救命稻草,力争为自己的失败开脱,并坚信只要改掉走神的毛病,便能重新拿回第一。

可怕的是,在这个过程中,周围人的安慰并没有帮助他走出困境,相反,所有人都出于好心来安慰他说:"没关系,你只是一时失误,你一定是第一名,别人没有实力超过你。"连他的妈妈也不停地这样安慰,这其实是在帮助他把"第一名"更加牢固地和他捆绑在一起,让他更加无法摆脱,并进一步迷失自我。

总是考第一名的孩子,经常不自觉地迷失掉真正的自我,除了自己对"第一名"的认同外,周围所有人对他都是强化,使得他把努力的目标就是锚定"保住第一名",用所有的能量用来捍卫"第一名"。随着竞争范围的扩大、竞争对手的增多,保住"第一名"的难度不断增大，于是，他会倾注更大的精力勉强捍卫"第一名"。同时，像独占一隅的猛兽，他还要不断四处张望着，看有没有人抢占自己的地盘，这时，他的力量往往会分散在别人的身上。

看到无人超越自己，他小心翼翼地偷着乐。开心愉悦的感觉不仅取决于他自己的胜利，也取决于竞争者的失败。相反，一旦有竞争者超越自己，他就非常痛苦，感觉失去了自己的领地，感觉自己非常无能，甚至无来由地过多思虑，使得他找不到自我。挫败的感觉像一只不停啃噬的虫子，在他的自尊和虚荣里放纵。一帆风顺的经历使得他无法抵挡这挑战。

想起来真是冷汗涔涔，我写出来以提醒那些总是"第一名"的孩子，要形成正确的身份认同感，才能清醒正确地面对现实。

② 关键时刻，请做孩子的保护神

"没有错误的父母"几千年来被奉为金科玉律，因为这话在家庭中体现了权威，把父母定义为家庭关系中的大动脉。

"老师都是为了学生好"几千年来也被奉为金科玉律，因为这话同样说到了权威者的心里。

父母都是对的，老师的动机都也是好的，所以孩子对他们的言行也必须接受。

当孩子没有避风雨的港湾了，他们一定会变得心灰意冷，此刻，他们多么希望自己的父母再变回自己可以依赖的保护神。

想炸掉学校的优秀生

既有逼出来的天才，更有逼出来的熊孩子。

按照约定的时间，他们夫妻俩很早就在咨询室门口等着了。妈妈满脸焦虑，爸爸一脸迷茫。

他们的儿子又不去上学了。

数不清是第几次请假了，近一年半来，也就是自从孩子上了八年级以后，动不动就不去上学，这次干脆躲在姥姥家，家也不回，人也不见，随便父母怎么着急。

"先不要着急，慢慢说说孩子的情况吧。"我开门见山地说。

爸爸坐着不动，妈妈抢着说："我这个儿子从小很听话、很乖巧，也很有礼貌，学习成绩一直是班里前三名，数学尤其出色，经常单科考年级第一名。他长得又好看，亲戚朋友都很喜欢他。

"大概从七年级下学期开始，他回家经常抱怨老师不公平，排座位把他排到角落里。他一说这些，我们就批评他，觉得肯定是他表现不好，如果好的话，老师还对他不好？没有给他辩驳的机会。从那以后，他在学校里就经常因违反纪律被扣分，但是成绩还一直保持在前三名。不知道为什么，从八年级之后，他就不认真学习了，来到家就抱着手机打游戏、刷视频，有时连饭都不吃。在学校里也不听话了，老师有时找家长，我们就狠狠地批评他一顿，可不管用。后来，他就动不动请假不上学。

"他内心里其实不想放弃学习，可就是想请假不去学校。他小的时候一淘气，我们就说'不让你上学了'，他赶紧麻利地自己去上学。现在，他简直变了个样，成绩也一落千丈，到了班里中游水平，还和一群调皮的孩子混在一起，还经常违反纪律。"

她急切地说着，眉宇间透出百思不得其解的样子，口头语就是：这个孩子怎么简直变了个样？

"你说他小的时候很听话、很积极，成绩也很好，是在七年级才发生变化的，那会儿发生了什么事吗？"我问道。

"也没有发生什么，就是最近他爸爸狠狠地揍了他一顿，打得很狠，这是第二次揍他。以前他爸爸从来不舍得打他，他也很喜欢爸爸，经常说爸爸就是他的榜样。现在却不理他爸爸，看着就躲。"

"我是问七年级他开始发生变化的时候，家里有什么事情发生吗？"

她皱起眉头想了想，又侧头看了看他的爸爸，说："七年级的时候，他经常说老师不公平，现在经常说要'打死×××老师'，以前他从来不是这样的。老师们都挺喜欢他，他对老师也很有礼貌。

"哦！说到他和老师之间的矛盾，我想起一件事。八年级上学期的一天，老师打电话叫家长去学校，说主任打了他两下，他在闹情绪，我们立刻去了。到那儿的时候，看到他在办公室里站着，两只手攥着拳，瞪着眼，仰着头看着窗外，看那样子要爆炸似的。班主任急忙和我们解释说，前一天下午，年级主任在教室里打了他几下，原因是吃完饭别的同学都回去了，他们四五个男生磨磨蹭蹭回去得有点晚，虽然没有迟到，但是正好年级主任在检查纪律，等他们来到教室，就打了他几拳。可能当时年级主任很生气，一直将他打到教室的后面，说得也不太好听。班主任说他当时没怎么样，下课之后就爆发了，嚷嚷着'非要杀死年级主任'，这才叫我们来。年级主任忙解释说，和他熟才打的他，是打给别人看的，也是为了他好，觉得他不应该拖拖拉拉。

"当时看到他那个样子我很心疼，也觉得老师当着全体同学的面打他不大对，让他太没面子，太伤他的自尊，况且又没打同样来晚的孩子。但是老师们都说是为了他好，和他关系好才打他，不希望他养成拖拉的毛病。我们也没话说了。再者，有意见咱也不能说，不能得罪老师啊！孩子还得在这上学，班主任和年级主任哪个都不能得罪。

"为了让老师能下来台，他爸爸冲着他就发火了，说他不听话，打他活该，应该打，老师是为了他好。我看着他使劲攥拳头，就不让他爸爸再说了。我们给老师道了歉，老师也觉得他这个状态没法回教室学习，我们就领他回家了。

"回来后，他一句话都不说，不吃饭也不睡觉。我们让他表姐劝他，他直接赶表姐走。之前他很听表姐的话，和她抱怨说我们不理解他、不相信他，只相信老师的话。"

"这件事够大的了！"我很震惊，接着问道，"最近不上学了，又发生了什么事？"

"他现在很调皮，前两天和学校门卫大爷冲突了。门卫大爷检查他的校牌，他忘记戴了，门卫大爷不让进，他就说人家不尊重他，非要收拾门卫大爷。我们批评他说，肯定是他先做得不好，教育他要理解门卫大爷的辛苦。他不服，很生气。大概是因为这件事吧。"

"你的意思是说，只要在学校发生了任何不好的事情，你们就批评他，也不听他解释，觉得是他做得不对，是这样吗？"我问。

"是啊。他做错了老师才批评他，老师也是为了他好。再说，老师找家长，当着老师的面，咱也只能批评他，就是看着老师有些不妥当的地方，咱也不能说。好歹咱还得在这里上学，不能得罪老师啊。"她再三强调：老师是为了孩子好，家长不能得罪老师。

"你是说，他从七年级开始抱怨老师不公平，后来开始骂老师，再后来发生这件事他想报复老师，现在动不动骂学校和老师，是这样吗？"我替她梳理了一遍。

"是，以前他对老师很好，现在就像变了个人似的，对学校和老师一肚子意见。但他一说学校老师不好我们就批评他。"

"这个过程中，一系列事情发生的时候，你们一直是批评教育他，维护学校和老师吗？"我问道。

"是啊，不就是应该先批评自己的孩子嘛，老师管他是也为了他好。"妈妈仍这样认为。

"年级主任当着全体同学的面，从教室前面把他打到教室后面，你们也认为这是为了他好吗？"

她沉默了，过了一会儿说："我们也觉得老师这样做很不妥，让他在同学面前很没面子，他肯定接受不了。但是，当着老师的面，我们能说啥？只能批评他给老师解气。"

"一个孩子在外面伤了自尊、受了委屈，盼着父母来了给撑腰，可父母却不给孩子一个解释的机会，只会没头没脑地批评他，非常疼爱自己的爸爸还动手，孩子心中是一种什么感受呢？"

她沉默了，孩子的爸爸长长地叹了一口气。

过了一会儿，她说："所以，现在他什么也不和我们说，恨不得跑出去不回来。一个月前的一个周末，他要在外面的小卖部过夜，他爸爸火了，限他15分钟必须回来，如果不回来就去找他。他害怕了，大概怕爸爸打他，干脆去了附近的派出所寻求保护。现在倒是不敢随便在外面过夜了，但是动不动就躲到姥姥家不回来，谁一提'上学'，他就说'忙去吧'，要不就是'安静''安静'。"

"你觉得当他说这些话的时候，他在想什么呢？"我引导着问。

"他可能觉得我们都不懂他，没有人理解他。他多次说过：全世界都不理解他，都在欺骗他。"

"当一个孩子感觉全世界都不理解他、都在欺骗他的时候，他内心的感受是什么呢？他会做什么呢？"我追问了一句，他们很沉重地陷入沉思。

沉默了一会儿，找开口说："先修通关系吧，诚恳地给孩子道歉，试着去理解他，而不是批评他，让他从内心重新接受你们。只有修通了关系，才能再谈教育。"

她也长长叹了一口气，说："是啊，这些年，我们只觉得孩子变化很大，不论发生什么事，我们都选择相信学校和老师，而从来没有站在他的角度去理解他，有些时候确实委屈了他。"

爸爸自始至终没说一句话，最后突然站起来，说："谢谢老师，我明白了。"

奇点透视

当父母躲在真相的背后

随着我的提问和她的诉说，我们很明显看到，一个本来十分优秀的孩子就这样变成了"问题孩子"。

其实，有很多家长是这样的：迷信学校和老师，不敢得罪老师，对老师极端逢迎，却无端压制孩子。不管发生了什么事，总是站在老师一边，不问青红皂白地批评、指责孩子。在他们看来，这是好家教的体现，好的家教就是有矛盾先斥责自己的孩子，不管事情的真相到底是什么。

结果是，孩子在外面受了委屈，在家长这里也找不到公道，更谈不上得到安慰。开始时，孩子会觉得伤心、难过，怀疑自己，之后就会觉得不服气，开始反抗，表现为不认真学习、惹是生非、和学校老师对着干等。如果这个时候父母继续一味站在学校和老师的立场上，孩子就会对父母失去信任，想一想：连自己最挚亲的父母都不相信自己，他还到哪里说理去？他会有种被遗弃的感觉。

这种伤害会让他由反抗进一步发展成报复，这种报复向外表现为他想杀了老师、想炸毁学校等等，进一步会出现报复社会倾向；向内表现为不想学习、自暴自弃、厌恶自己，甚至会有自残自杀等念头出现。

他认为即使自己努力地去做好，也得不到别人的信任。在他眼里，所有人和自己都是敌对的，都想来批评他、改变他，于是他变得更加警觉，什么人的话都不听，拒绝一切说教，拒绝所有好意，甚至拒绝一切关心。

因为对整个世界失去信任，他变得非常敏感，只要出现任何矛盾、任何问题，出现丝毫的不公平，他就无法承受，要么抗争，要么逃避。从具象上说，"不上学"就是他抗争的宣言，又是他逃避的明证。

然而，逃避并不能给他带来轻松，因为他曾经是个热爱学习、成绩优异的孩子，从骨子里他都是在意学习的。所以，"不上学"只能让他暂时地宣泄，带来的却是更大的苦恼。如果没有很好的引导，他就会掉进恶性循环的泥潭不能自拔。

一个好孩子就这样再也回不到曾经走过的路上！

祸根在哪？

就在：父母对学校和老师的扭曲逢迎，对孩子的不信任，从来不给孩子解释的机会，只是躲在真相的背后一味地指责。

关键时刻必须勇敢地做孩子的保护神！这是父母的职责！

当然，保护孩子并不意味着与老师抗、与学校对抗，而是在孩子最需要宣泄的时候，给他一个为自己辩白的机会，让事实澄清，让大家都站在事实面前来评判，而不是因为对方是长辈、老师就压制孩子，剥夺孩子辩解的权利，以至于抛开事情本身只以身份"论罪"，可以先好好抚慰孩子的情绪，等情绪平静了再和他一起厘清事实，使其看到老师的良苦用心。

当然，老师也不是神，在处理诸多班级事务中，有时会难免有失公允，但老师不会故意针对谁。把事情说清楚了，老师完全可以给孩子一个值得信赖的解释，如此，不但不会让孩子积怨，反而会增加其信任，激励其成长，这也应该是老师纠正孩子错误的出发点吧。

尊重事实，是对孩子最好的保护。

看见了本质，问题自然迎刃而解。

③ 找准发力点，把生命的力量召回

学习高手的努力过程大都是相似的，学习困难的同学的历程却各有各的特点。但有一点，"有心改变，无力回天"是大多数学习困难的同学共同的感受。

或许因为师友的激励，或许因为父母的压力，也或许因为自我意志的觉醒，他们可能发出了改变自己的强烈信号，甚至有了具体的计划，但遗憾的是，经过一段时间的努力后，很快又恢复到原来的状态。

是他们不想变好吗？很明显不是。

他们想变得优秀，但又力不从心。

在预设的情景中，心理老师和来访者一起找到症结所在，这就是要触动其心灵的机关，找到关窍，然后引导其自己找回失去的力量。

经常走神的孩子

每一种停滞，都是灵魂深处的一种"允许"。

"跟着李老师，我们一家人学到了很多，孩子变化也很大。原先他的学习完全浮在表面，自从上了李老师的课，他做事、学习变得有计划有目标，学习做事自觉主动了，现在是'我要学，我要做'；原先我们娘儿俩是打招呼式的关系，现在我们娘儿俩的心离得近了，孩子有时会主动和我说话。谢谢李老师的帮助和支持。感恩！感谢！"

这是她在家长学习群里发的感慨，都是肺腑之言。

第一次见到她是在我的一个讲座现场，我讲完后，她提了一个问题，说自己没办法和儿子沟通，看到儿子每天都在努力学习，但成绩就是不见提高。她知道儿子他压力很大，却仅不知道怎么跟儿子沟通。说完这些，她在现场开始掉眼泪。

因为讲座时长还剩下最后五分钟，我们相约单独聊。

到了约定的时间，她迫不及待地来了，看上去很焦虑，一见面就开始了诉说："我儿子从小很懂事、很听话，很少让人操心。上初中的时候，我抓得紧，他学习成绩也很好，在班里一直是前三名。可是自从上了高中之后，他看上去好像学习很努力，但成绩就是上不去，问他原因，他就说自己都会，可成绩就是不行，他也能找出各种理由来解释考不好的原因。我们也没有办法，真不知道他到底是怎么了。反正在家每次看到他的时候，他都在认真学习。"

"你说你看到他的时候，他都在学习，那他自己对目前的状况是什么态度？"我问。

"是的，他都在学习。老师们也说他很懂事，他自己也知道学习。也很希望进步，也很努力，但他对目前的状况好像不怎么着急。每次考砸了，他一开始很伤心，但过一会儿就没事了。他是不是在装？他很能装的。"

"如果他对目前的状况是满意的，那就是说，只是你们做父母的在着急。"我引导着说。

"不是，他也很着急，他也很想更进一步，可就是找不到办法。

要不让他自己来和您聊聊吧。"

"他会同意吗？"

"他非常同意。我一个朋友到我们家给他讲了讲数学题，他就追着人家不放，说自己很想再学一点儿。"

第二天到了约的时间他们一家人都来了。父母送下他就出去了，说在车上等着，看来是商量好的。

我请他坐下。

"想聊点儿什么呢？"我开门见山地问。

"我也不知道。"他看着我毫不犹豫地说。我笑了，很多被父母"骗"来的孩子都是这样的。

"今天是父母让你来的呢，还是你自己想来的？"我直截了当地问。

"是父母让我来的。"他也很直接，但是想了想又说道，"我自己也很想来。"

"为什么？"

"别人都说您很神奇，我爸妈说你能给人力量，我想看看您怎么可以给我点力量，让我好好学习。"他说得更直接。

"也就是说，你是来寻找力量的，是吗？"

"是的，我没有力量学习。"他说着垂下了头，放松了警惕，不再像一只准备战斗的小公鸡。

"说一说，没有力量的感觉是什么样子的？"

"每次歇大周末后，刚返校的时候我就充满了力量，但是一周后力量减弱，两周后就基本没什么力量了。"

"当你没有力量的时候，你的感觉是什么样的？"

"很烦躁，什么也做不下去。上课进度很快，我还没消化完前面的知识，老师又讲新的了，跟不上进度。我听着听着就走神了，等回过神来二三十分钟就过去了，非常后悔。每天就这样重复着。"

"也就是说，你的力量是呈递减趋势，你有没有想办法去解决这个问题？"

"没有。不是所有的老师上课都我会走神，只有那几位讲课乏味的老师上课，我才会走神。在讲得精彩的课堂上，我并不走神。"

"你的意思是说，走神不是你的原因，是因为那几位老师讲课不够精彩，你也从来没有想办法去改变这种状态，是吗。"

"是的。"他沉思起来，露出一丝羞赧的微笑。

"我可不可以这样理解：你没有力量的状态是你允许的，而你又从来没想着要去改变这种状态。"

他想了很久，点点头，说："我从来没有去想办法，因为我觉得那不是我的原因。大家都这样，都说越来越没有力量、越来越烦躁。再就是，是老师讲课不精彩我才走神，讲得精彩的课我都会认真听。"

"你对自己目前的学习成绩怎么看？"

"很不满意。我觉得应该还能更好些。我的成绩不该是这个样子的，这样就考不上理想的大学了。"

"怎么样做，成绩就可能更好呢？"我顺势问。

"只要将时间充分利用起来，上课不走神，真正地学下去，就能好很多。"他说这些的时候，眼中充满自信。

"你的意思是说，因为你不能充分利用好时间、学习状态不好，才导致学习成绩不好，你对自己的学习成绩是不满意的，对吗？"

"是的。"他点头答应着。

"可是，目前的状态却是你自己允许的呀！"

他愣住了，一时竟沉默起来。

"是啊，我从来没想过要去改变自己的状态，只觉得都是外面的因

211

素导致我学不好的。"他喃喃自语，"我怎么才能改变自己的状态呢？"

"力量在哪里丢失，就到哪里找回。"我用鼓励的目光看着他。

"对，大概我每天烦躁都是因为学习进度快、试卷做不完，再加上上课老走神，我要先从这里入手，看看怎么先把试卷做完，做不完的就直接只把重要的题目做完，这样上课听讲就不会走神了。"

我点了点头。

"以前，我总是给自己找借口说做不完就算了，等到自习课再做，或者明天放假了再补上，但放假还有放假的事，而且从来没有补上过，于是就越来越烦躁。"

他自己一直在诉说，慢慢地也找了一大堆原因，可喜的是，他同时也找了一大堆相应的解决办法。

我鼓励他回去试试自己想好的办法，他愉快地答应了，眉心拧巴的皱纹也打开了。

开头的短信就是他回到家一周左右以后，他的妈妈在家长学习群里发出来的，大意就是他回到家就变了个样子，现在的状态非常好，力量非常足。

奇点透视

找到撬动成长的发力点

他的力量去哪儿了呢？

当然是在他自己身上。

每一个人从生下来就都有足够的让生命蓬勃绽放的力量，后期为什么会减弱了、变小了，甚至没有了呢？是因为有太多的阻碍和遮挡。

生命就像一颗火苗，火焰的高度取决于能量的大小，那能量从哪里来，它就藏在生命开始的地方。当火苗燃起的时候，我们只需要静静地守护，看自然的风将它吹得熊熊燃烧，而不是我们擅自去没完没了地添加柴火。火苗能不能高高地燃起，要看其内在的力量，而不是压在外面的柴草。

他嘴上说自己很想"燃烧"，但在行动上却并没有真正地去做。因为他的动力不是来自自身，而是来自外面的柴火，是父母的逼迫让他做出学习的样子，并时时刻刻喊着自己"很想学好"。每天放学回家还要背回几本书，虽然总是那几本书，但他认为这就积极学习的样子，只要大人看得见就可以。虽然总在看那一本英语书，但这就是自己努力学习的样子，也是大人希望看到的。

所以，当他考试考得很差的时候，他会难过一会儿，接着就释然了，并且说：我已经很努力了。这其实就是一句推卸责任的话，意思就是，他已经努力了，考不好不是他的事儿。

他经常对父母喊着要找人给自己补习功课，让自己的学习更进一步，对老师说自己其实也很想学好。

这一切都是借口，是托词。当他这样做的时候，在别人看来，他已经很努力了，尤其在父母的眼里，即便成绩上不去，也和自己无关，这样父母也没有话说，并且会不断地安慰他，他也就躲进了安全地带。

在这种状况下，成绩怎么可能会提高呢？他根本就没有从内心想去提高自己的成绩，正像他自己的发现：对于经常走神、学习状态不好，他自己内心里是接受的，是允许的。当他允许自己出现目前状态的时候，他内心里应该是能接受自己成绩的。对他来说，内外是平衡的。再加上他对父母、老师的"装"，装着要努力学习，装着对成绩提不上去也很无奈，这样父母和老师也不好说什么，于是，他的外部环境也是安全的。他整个人就蜷缩在这种被自己假装的"学习"营造出来的一片祥和中，没有矛盾，没有战争，他便没有太大的压力。这其实就是他不改变的真正原因。

久而久之，他就无从知道自己落后的原因在哪里！他可能也会暗暗发誓改变，但又无从下手，找不到撬动局面的"发力点"。

当我们带领他发现这一切只是假的祥和以后，他这才知道他真正想要的是什么。

其实，他很想去好好学，这是他的内驱力，只是来自外界的压力太大，他忙于应付，用假装的努力来减轻自己的压力，时间长了竟然忘了自己真正想要的是什么。

正像他妈妈说的，以前他虽然说要努力学习，但总是磨磨蹭蹭浪费时间，现在不论是吃饭还是干什么都很麻利，整个人都处在一种紧张快节奏的状态里。

这种状态才是他自身力量的燃烧，有了这种状态，改变的不仅是他的学习态度，更是在改变他对待生命的态度。

4 在相互伤害中享受着的矛与盾

> 不是所有能找出病因的疾病都可以疗愈，不是所有的求助者都能认识到自己的问题。
>
> 很多时候，是因为对"病因"的固守而产生迷茫。
>
> 所有的疗愈，都应以"患者"的需求为前提。

病态上瘾者

每一个不能独立成长的孩子，
背后往往站着一位缺乏安全感的家长。

这位妈妈给我打过三次电话，为她的女儿预约咨询，每次电话里的语气都非常急迫，可因为时间不巧都没成行，最后她径直来到了咨询室现场约时间。

周四下午两点，她带着女儿如约来了。

女孩正读高三，还有 50 多天就要高考。一进门，我正在接一个电话，我一回头，她正举起水杯喂女儿喝水。女孩只是摇头，而且面无表情，手也不抬。妈妈仍然高高地举着水杯，有些吃力，因为女孩整整比她高出一头。

她们坐下来，我问女孩："你是愿意我们俩单独谈谈，还是和你妈妈一起谈？"

女孩没有理我，而是推搡了一把妈妈，说："我愿意你也在这里。"这就算是对我的回答了。

妈妈说，她可以出去一会儿，但是女孩斜着眼看着妈妈，软软地嘟囔了一句，声音很低，我没听见，但这句话似乎有很大的威力，她妈妈立刻坐下并急忙说："好。"

"有什么需要我帮助的呢？"我问道。没等女孩说话，妈妈便抢着说："这个孩子最近很焦虑，状态很差，一考试就紧张。其实，她的成绩已经进步很大了，比以前好多了，她也很努力，是个好孩子，但最近她就是太紧张了。上次期末考试前，有两周的时间她晚上睡不好觉，也没胃口吃饭，后来脾气突然特别大，动不动就发火，很吓人，我一句话也不敢说。"

说到这里，她看了看女儿，小心问道："是不是啊？"像哄小孩似的。女孩也很娇羞地笑了笑，似乎是很满意妈妈对自己成绩的表扬。

"我们之间沟通得很好，她什么事都和我说。"妈妈继续说，"快要考试了，我就是担心她的状态，再像以前那么不好怎么办？我是听了您的讲座后，觉得您说得太对了，好像都是在说我们，就赶紧过来咨询。"

我看了看女孩，"嗯，她说得对。"没等我开口，女孩赶紧说。

"你现在的学习状态怎么样？"我直接开始发问了。

"挺正常的，就是高考越来越近了，有点儿紧张。"女孩说。

"那你怎么看待这种反应？"

"我觉得挺正常的，快要高考了，搁谁身上都会很紧张。"女孩很淡定地说。

"不是的。我是担心她再像那次考试前一样紧张、暴躁，我感觉她会那样的，我已经看出苗头来了。"看到女孩一直说自己很正常，她的妈妈着急插嘴。

"你是怎么看出苗头来的呢？"我看着妈妈问道。

"我都是搂着她睡觉。昨晚她就翻来覆去好几次，感觉她睡得不沉。我就是从她吃饭、睡觉方面观察的。还有，她最近经常说'高考真的来了'，以前她从来不说这些的。"

我低头写了几个字，趁着这个空儿，她立刻举起水杯，给女孩喂水，女孩还是摇头拒绝。

"刚才你说你们之间沟通得很好，是这样吗？"我问她。

"是的，她什么话都和我说。从她上高一时我就专职陪读，单位也去也不去的，本来平安无事，可最近单位事儿特别多，领导总是打电话找我，她的暴躁可能与这个有关系。我在家打电话处理单位的事，她就不高兴，尤其听说我要去单位上班，她就压抑不住了，于是在上次考试前爆发了。"

"顾不上工作或者干脆不顾工作，专职陪女儿，你有什么感觉？"

"特别享受。我的工作无所谓，只要能和她在一起，照顾她饮食起居，让她专心学习，我非常享受这种感觉。这样的日子也不多了，毕竟她要上大学了——如果今年考得好的话。"她的脸上荡漾起幸福的微笑，看得出，这幸福感从她内心里真实地流淌出来。

"我看到你多次给女儿喂水，而登记表上写着她已经18岁了，已经是成年人了，给一个成年人喂水，你感觉怎么样？"

"她有点儿咳嗽，我觉得很止常，我们关系很好，像朋友似的。"她勉强地笑了笑，看着女儿，似乎在征求共鸣。

"在陌生人面前，妈妈给你喂水，你的感觉是怎样的呢？"我转过头问女孩。

217

"我没有感觉，我觉得挺好的，觉得没有什么对不对，我很喜欢这种感觉。"她淡淡地说着，话里明显流露出对我的不满和防御。

我点了点头，稍稍沉默了一会儿，对妈妈说："现在，你的女儿感觉一切都是好的，包括学习状态，只是你有一些担心，是这样吧？"

"是的，看起来是我比她更焦虑。没事儿，我自己好调整。"她使劲儿挤出一丝微笑，看上去有些尴尬。

在这次谈话中，女孩用得最多的词就是"我很好"。面对各方面都很好的女儿，她的妈妈也就慢慢没有话说了，但是问题却很清晰地呈现出来：母亲对女儿太依恋，有点儿保护过度，看到女儿情绪上的一点儿风吹草动便大惊小怪，导致自己过分焦虑，而这过度的依恋和保护才是大问题，必将影响女儿的健康成长。

女儿一直说自己没有问题，妈妈很高兴，说："其实，我就是来确认一下，她没有问题我就放心了。"于是很尴尬地笑着。

按理说，到这儿就可以了，我偏偏多说了几句："过度保护不利于孩子成长，著名心理学家阿德勒谈到不适应社会的人，童年时期大致有三种经历：生理缺陷、被溺爱、被疏忽。他把溺爱对孩子的伤害和天生缺陷并列起来，可见溺爱的危害是有多大啊！"

"其实，我也不怎么溺爱她。我们只是没有那么严格的长幼关系，我们就像朋友一样，搂着她睡也是为了多说说话。"妈妈有点着急地辩解，一边又满脸堆笑很欣赏地看着女儿。

"我觉得挺好的，我很喜欢这样，我们俩关系很好，我也成长了许多，我觉得我不比同学们差，挺好的。"女孩更着急地去辩解，似乎这问话伤害到了她的妈妈，她本能地替妈妈辩护。

她们的反应如此强烈，而且如此捍卫当下的状态，我似乎不该再说什么了。

奇点透视

随风潜入"爱"，遗毒细无声

她们走后，我的心情却实在平静不了。

她们的求助内容，不过是因为固守"病因"而产生的迷茫，而当真正要对症下药的时候，她们又是坚决反对的。

她们固守在溺爱的"碉堡"中，彼此享受着来自对方的"伤害"，矛和盾的角色也不断转换，却都拒绝认知之外的一切援助力量。但是，所有的治疗必须是建立在求助者的需求之上，当她们不需要的时候，没有谁可以帮助到她们。

按理说，既然找出了问题的症结所在，治疗应该不是问题，包括因溺爱和被溺爱而出现明显的关系问题，也是可以得到解决的，但前提是起码有一方有被治疗的需求。

当她们都很享受这种关系以及这种关系所带来的状态的时候，任何干预都是无效的，甚至是起反作用的。

溺爱很可怕，不只会给孩子带来伤害，更可怕的是父母本身对溺爱又没有清醒的认识。他们需要孩子，很享受这种被孩子需要的感觉，所以，他们根本不知道自己是在溺爱孩子。

个体心理学家阿德勒在《自卑与超越》中说："被宠溺的孩子容易曲解生命的意义。""他们（孩子）认为自己的愿望必须被当作律法对待。他们只学会了索要，不懂得给予，人们一直顺着他，所以他们无法独自存在，不知道自己能为自己做什么。""被宠溺的孩子长大后也许是我们社会中最危险的一类人。"他们感觉生命的意义就是做老大，他们永远从上帝的视角看一切，想什么有什么，要什么有什么，只要他们继续这样解读生命的意义，那他们采取什么方式在社会上生活或许都是错的。

中国也有句古训：娇子如杀子。说起这句话来大家都知道，想必这位母亲也是清楚的。问题是她只知道溺爱的危害，但却不认识自己的行为就是溺爱，如：她举起杯子给高出自己一头的 18 岁的女儿喂水，而且是用祈求的语气。她不但认为这是正常的，而且还很享受这种感觉。

为了让女儿安心备战高考，她不顾自己的工作，不顾单位再三催回，她觉得能这样照顾女儿生活是一种享受；女孩听到单位电话催妈妈回去上班，大发脾气，也就是说，她不允许妈妈离开，妈妈必须在这里照顾自己。这一切，她们都不觉得是问题，相反都很享受这种状态。

她们母女俩的行为和对行为的认知与反应，让人不得不对溺爱这个问题重新思考。

溺爱不仅会导致孩子出现问题，而且很大程度上说明母亲早就有问题了，是母亲内心安全感的极度缺乏，促使她对孩子过度保护、过度溺爱，认为只有这样做，才能填补她内心的缺失感，才能安心，才能平静。孩子在成长过程中遇不到问题时，则相安无事，一旦遇到问题恐怕就不好解决了。因为，问题出现在孩子身上，源头却在父母那里。

对于孩子来说，他们是纯粹的受害者，他们在不自觉中被包裹得柔软细腻，他们根本不知道这是教养的错误，他们的思维中就没有别的生活模式，所以，他们认为这就是好的，并且贪婪地享受着这种宠爱，不愿意面对外面的风雨，时间一长也就没有面对社会的能力。

极度溺爱的最终结局，很可能会造就出自私的家长和自私的孩子。

孩子毕竟要单独走向社会，当她不得不面对外面的世界的时候，一系列问题就会爆发出来。当问题反映在孩子身上的时候，父母就束手无策、到处求助，非常急迫地"治疗"孩子的问题，却并不知道真正的问题出在自己身上。

⑤ 重燃将熄的生命之火

当自我意识变得模糊，便意味着成长动能在不断消减。

可怕的是，她的成绩是在比较中得到提高、在比较中变得有意义，一旦没有了比较，她就不会有成就感和获得感。

在她的意识里，成绩是她的全部，比较成绩就是比较人生，她要用别人成绩的不好来衬托自己的优秀。

当失去成绩优势的时候，这个从小被当作学习机器培养起来的孩子，似乎一下子失去了所有的支撑，瞬间没有了自我意识。

我上的是别人的大学

如果没有发自灵魂的承诺，谁也无法按别人的想法活着。

"我上的是别人的大学！"这是这个孩子的心声，更准确地说，应该是"我在给别人上大学"。

她今年本该上大三了，休学一年后，现在是大二第二学期。此时正值考试季，她却回来了。

她看上去满脸忧郁，娇滴滴泪汪汪的，似乎是受了很多委屈的邻家女孩儿，怎么也看不出一名大学生的该有的精气神。

听说她并不愿意来见我，是她妈妈强行带她来的。

222

我让她们俩坐下，可女孩并不看我，一直低着头，不一会儿就抽抽搭搭地哭起来。

她的妈妈说这个学期，她已经回来四次了。"动不动就回家，这次回家更好了，直接不想去上学了。好不容易考上这所大学，虽然不是国内顶尖大学，但'985大学'也说得过去啊！这可怎么办？"

她的妈妈看上去很生气又很无奈，说完这些就用胳膊推了推女儿，示意让女儿自己说，可女儿仍然低着头什么也不说，眼泪吧嗒吧嗒地滴到衣服上。

沉默了一会儿，妈妈低下头询问她："要不然我给老师说说你的情况吧？"

她没有反对也没有同意，没有任何反应。

妈妈就开始说了："这个孩子高中时学习很好，都是年级前三名，老师很喜欢她，同学很崇拜她，她也很单纯，每天就是读书、学习，偶尔出去逛街，一直过得很快乐。

"可自从上了大学就变了个样子，简直不是原来的孩子了。她先是为加不加入学生会纠结，她自己想加入学生会，但又没有勇气去竞争，害怕失败。其实她也不一定就竞争不上，但她自己就是不敢去，还连续两天给我们打电话问同一个问题：去还是不去？开始的时候，我们鼓励她勇敢地去争取，但她还是不敢去，后来我们就烦了，就说'不去就不去吧，拿出精力来好好学习，争取保个好大学的研究生'，她同意了。

"从那以后也很顺利，感觉相安无事，可没多久，她又三天两头打电话说'不喜欢那所大学，也没人喜欢她'，特别到了学期末考试时疯了似的天天打电话，说害怕自己挂科，想学习又学不下去。

"好歹坚持完一年，大二开始不久就又不去了，说在那里没有朋友，自己一个人很孤独。我们没有办法，只能和学校商量了一下，办了休学。等到重新读大二时，她又断断续续请假回家，一直到现在又

223

不想去了。关键是我们也不知道为啥，问她她也不说。这么好的大学，很多孩子想考都考不上，她说不去就不去了，真是不懂事！"

妈妈说着说着开始愤怒，看起来要发火的样子。

我看了看女孩，还没等我开口，她突然大吼起来："好大学，好大学！好大学你去上啊！"

"你和邻居家的孩子比一比，不是数你上的大学最好吗？"妈妈也不示弱。

"比，比，比，就知道比！怎么比啊？有什么好比的？"她声音更大了。

我看了一眼妈妈，她很知趣地没再接话。

"我们单独聊聊可以吗？"我趁机问了女孩一句，她没有反对，她的妈妈出去了。

妈妈前脚刚离开，她马上就开始了愤怒地输出："我妈妈总是说我上的大学比别人上的大学好，哪里好了？我从小就是这样被比较着过来的，什么都比较，还好，我从小就比别的孩子学习好，所以爸妈很高兴，也很骄傲，但就是好到处和人家作对比，现在又说我上的大学好。当时我考上这所大学的时候，他们恨不得不要我了，说我至少低了10分，比我的一个同学，也是他们朋友的孩子差了3分，人家去了复旦大学，说比我上的大学不知道要好多少倍。那个假期，就因为那个人考上了复旦大学，我灰溜溜地度过了两个月。

"后来为了让我不耽误学习，将来好保送个好大学好专业读研，他们又不让我参加学生会、不让我谈恋爱、不让我玩手机、不让我交不良朋友……我每天像个异类一样，抱着书本去上自习，别说自己去交朋友，根本没有人愿和我玩。

"看着同学们一起出去吃吃喝喝、一起看电影、打游戏，我只能一个人傻傻地待在宿舍里。我经常想，我这是大学生活吗？大学里的同学都和我不一样，他们很快乐，可是我一点儿也不快乐，我上的是别人的大学。

"既然是别人的大学，我为什么要待在那里？我什么也不是，我哪个方面都比不上人家。人家学习好，各种能力都强，我除了学习什么也不会，可到了现在，我连学习也不如人家，我感觉自己什么也不是了。"

她说着说着开始呜呜大哭起来，我递上纸巾，没有打断她。

"我恨自己只知道学习，恨自己总被拿着和别人比较，但我就是这么被比较着长大的，可是现在又什么也比不过别人，我活着有什么用啊？"

看着她哭得稀里哗啦，我不由想起前几天刚刚被退学的一名大一女生，她们的说法竟然惊人地相似！都是在大学里比不过别的同学，自己又没有朋友，所以没有勇气去上大学了，甚至感觉没有活下去的意义。

我试探性地问道："你说你在大学里哪个方面都比不过别人，并且没有朋友，很痛苦，那你在高中的时候是什么样子呢？"

"我高中的时候成绩很好，不用主动去交朋友，他们都愿意和我玩。其实，高中是没有时间交朋友的，只知道学习就行。当你学习好了，谁都喜欢你，老师也喜欢你，也会偏爱你；在家里，什么事儿也不用自己操心，父母都会打理好。可大学里不一样，什么事都要自己去做。六人一间的宿舍，每天都是事儿，要么谁回来得晚了，要么谁的灯太亮了，要么桶装水没有了……反正每天都是事儿。

"我喜欢在睡觉前看会儿书，可是她们都喜欢说话，我静不下心，就让她们小点声，她们就不愿意了。考试前，大家都在拼命复习，我复习不完，熄灯晚，她们就集体反对我，让我早点儿关灯，说我影响大家休息。她们凭什么？难道以前她们说话不影响我吗？我不听，她们就在我的床上留纸条，说'大家在一起要靠自觉'之类的话，我很生气，好像就我不自觉、不合群。还有让我最受不了的是，我复习的时候，她们总会问我复习哪些范围，准备哪些重点……你们自己学就行，还问我干啥？我不想让她们知道，我想考得名次好一些。但当看到她们认真学习的时候，我也很着急很焦虑，我想努力但又学不下去。我很讨厌我自己。"

看到她哭得很可怜的样子，我真的觉得她很"可怜"，又是一个考试的机器！她把人生的意义定位在"考得好"上，似乎只有通过考试才可以实现她的价值。

现在，她需要打开心中的那片天，让考试成为生活的一个小小的部分，让自己在广阔的世界里绽放；她需要去交友、去社交、去获得集体荣誉感，去享受属于自己的青春年华。

这样的改变，岂是一两次谈话能做到的？好在她对咨询非常认同，谈话将会继续下去。

奇点透视

递给孩子成长的支撑物

看得出来，她在上大学以前就是只知道学习、什么也不操心的那类孩子，不管生活琐碎，不管家务劳动，不管人际交往……不管除学习以外的一切，在她的世界里只有学习，学习就是一切。

虽然这看起来有些不可思议，但她完全可以这样继续活下去，因为有适合的土壤，家长会包办一切，为她准备好学习的一切条件，她只要学习就好。在中学时，老师看重的也是成绩，认为只要有了成绩就有了一切，有了好的成绩你就是好孩子、好学生，"人见人爱，花见花开"，被羡慕、崇拜围绕着。所以，她就只管学习就万事大吉了。

可怕的是，她还要被父母拿着和别人家的孩子作比较，尤其是成绩这一块，她的成绩是在比较中提高、在比较中变得有意义的，一旦没有了比较，她就不会有成就感和获得感。在她的意识里，成绩是她的全部，比较成绩就是比较人生，她要用别人成绩的不好来衬托自己的优秀。她因此也养成了什么都和人比较的习惯，觉得只有比较才有意义。

即使是上了大学，为了保送研究生，父母依然限制她的所有行动，让她专注于学习。如此看来，除了学习，她真的什么也没有了。

然而，大学里的学习和高中的学习怎么会一样呢？当需要全面的能力的时候，她感觉到了自己的不足，然而"比较"早已成为她的习惯，她不服气，总想比别人好。可是缺少锻炼的她，连人际关系也不会处理，舍友没有一个人喜欢她，同学们看她像异类，她怎么可能会有更好的提升？

当失去成绩优势的时候，这个从小被当作学习机器培养起来的孩子，似乎一下子失去了所有的支撑，瞬间没有了自我意识。这时，如果没有正确的引导，她只能用辍学来逃避那无法忍受的痛苦，可辍学就能解决问题吗？不能！所有的逃避都只是饮鸩止渴，想真正解决问题，还要深入生命的内里，激发她本该有的生命能量。

一个本该有强大能量的生命，就这样被"学习唯一，成绩至上"压制住了生命向上的火苗，很明显，想再次点燃生命之火，单凭心理老师的辅导是不够的，还需要她自己的认识和努力，更需要她爸爸妈妈的觉醒，一起努力，递给孩子成长的支撑物。

6 磨难，会助力成长，也会摧毁希望

事业有成的家长，要当心自己家的家庭教育出现盲区。

当绝对自信转变成自负后，家长和孩子之间很容易筑起一堵墙！

孩子声嘶力竭地诉说，迎来的却是指责和批判，于是，孩子开始怀疑自己，逐步丧失自信。随着时间的推移，孩子内心的委屈、无助等负面情绪开始指向他自己，于是他们更加痛恨现状，更加厌恶自己。

不经磨难难成人，但是，磨难的正向力量都是以不带来绝望为前提的！

转学以后

人性，很多时候经不起考验，尤其当考验中潜藏着"魔鬼"！

有位班主任说，他们班里有个学生现在上学感到非常痛苦，请我帮她做一次辅导，具体怎么回事，他没有说细节。

女孩如约而至，看到她的第一眼，我便深深感受到了她的痛苦。

女孩中等个头，穿着一件很宽松的黑棉袄，整个人都蜷缩在里面；头发似乎很久没洗了，油油地打着绺子；领口漏出的白毛衣已经灰油油的了，脸上似乎附着一层尘土，打眼儿看上去像是来自贫困山区的孩子。

在填写登记表时，她突然问我："老师，我根本不知道时间，今天是几号？"

我笑了笑，帮她填上日期。

"有什么需要我帮助的呢？"我问道，但她依然哭丧着脸，眼睛瞪得很大。

"我没办法在教室里待下去了，很痛苦，而且是心里说不出的痛苦，一阵一阵的，一难受起来，我的胳膊和手都发麻发抖，严重了就会呕吐。"

她说话慢条斯理，思路非常清晰，与她邋遢的外表有点儿不相符。

"这种情况经常发生吗？有多久了？"我问道。

"呕吐已经持续很久了，胳膊发麻有半年多的时间。呕吐发生得多，几乎每天都会有，有时能吐出来，有时吐不出来，只是干呕。"

"呕吐很久了？你大致还记得从什么时间开始的吗？"我追问道。

"应该是从我转学过来之后。那阵子，我刚来并没有朋友，和这里的同学也没有共同话题，一点儿都不适应，也不喜欢这里，总想着我以前的同学。我每天都很郁闷，晚上放学回家经常一个人偷偷地哭，哭着哭着就呕吐，后来早上起来也吐。从去年下半年开始，每当我心情不好或者紧张的时候，不仅会干呕，胳膊还伴着发麻发抖，不能控制。"

她神情更加凄惶，瞪大的眼睛里透出丝丝恐惧。

"你跟父母说过这种情况吗？"

"说过，说过很多次了，每次他们都说没事，还嫌我事儿多。"

"你跟他们详细说过你的身体状况吗？"我知道，有些父母听到孩子出现一些状况，经常不当回事儿，便再次核对了一下。

"说过，我也自残过，也跟他们说了。他们骂我，说我事儿多。他们觉得是我不想待在这所学校的原因，觉得我是在找理由想转回以

229

前那座城市的那所学校。他们不让我转回去，整天教育我，让我自己调节情绪。"

"当初转学不是你自己愿意的？"我疑问道。

"不是，我非常不想转学过来，也哭过也闹过，但都没有用，他们非让我转过来，说这里教学质量好，将来能考个好大学。但是，我实在是不喜欢这里，和这里的同学没有共同语言，聊不到一块儿。所以，直到现在，两年多的时间了，我还是没有朋友，他们都很排挤我。

"我知道不可能再转回去了，我也努力试着和同学相处，但和他们确实找不到共同话题。老师你知道吗，我聊的他们不懂，他们说的那些我也不感兴趣。他们还私下里议论我，说我是凭关系转过来的，说我成绩不好。我的成绩确实一般，自从转过来的那天开始，还一直在下滑，我不知道是这里的同学学习都很好，还是我没有能力学好？反正成绩一直在下滑。"

"你说，你是转学过来之后才出现呕吐、手臂发麻的症状，而且学习成绩也一直下降？"我重复了一遍。

"是的，我很痛苦，也自残过，现在每天都不想活了，但我又觉得父母养活我不容易，我死了他们就没有孩子了，他们会很难过，所以我又不能死，很矛盾。可是，当烦躁痛苦的情绪来了，实在无法忍受，我时常感觉自己挺不过去。"

"你说你跟父母说过这种情况，包括自残以及想轻生的念头？"都到了这种程度了，父母还不在意，我有些诧异。

"说过，我还让他们带我去看心理医生，他们却说我没有心理问题，净是自己多想、瞎想，让我忘掉过去的学校和同学。"

"你爸爸妈妈做什么工作？"我好奇地问。

"他们都是本科生，我妈妈是一个厂的厂长，爸爸在私企工作，职位也很高。也许是这个原因，同学们都不愿意和我交往，他们觉得我家庭条件好，比他们家有钱，说我是凭关系来的，自己并没有多么好的成绩。"

"你们家很有钱，他们是怎么知道的？"我有点儿吃惊，真没想到眼前看上去有些邋遢的她，家庭经济条件不但不差，相反很好。

"我现在不在学校住了，爸爸在附近买了套房子，有些同学知道。我爸爸还经常和校长、教育局局长一起吃饭，好像也有同学知道，他们都不愿意和我玩，可我并没有招惹他们啊。"她瞪大眼睛，一副很无辜的样子。

"我看到你刚才微微笑了笑，接着又收回了，你不喜欢笑吗？"

"不是，我小的时候很喜欢笑，我性格很内向，见了人就只会笑，也算是打招呼吧。自从来了这所学校之后，就再也没有笑过，因为没有开心的事情，我每天都很难受。"她表情很平淡。

说到这里，可以判断出，这个孩子心灵多次受创，不能自愈又没有得到帮助，内心矛盾太多，有太多解不开的结，从而由心理问题导致躯体反应，出现呕吐、发抖的症状这与她对转学的不适应有直接关系。

呕吐已经两年多了，并且频繁发生，手臂发麻也超过半年，多次自残，时常想着轻生，每天都不快乐……种种迹象表明：她的心理问题已经较为严重。

我简单教了她几个减轻症状的方法，也建议她跟父母提要求，去做系统的心理咨询治疗。

她一脸迷茫地说："老师，你能治好我吗？"

我笑了笑说："不要担心你的症状，其实没什么。心理学很奇妙，痛苦起来似乎无法忍受，一旦好起来就像雨后天晴，了无痕迹。现在主要是让你父母认识到并积极对待。"

"真的容易好吗，老师？那我再和他们说去。"她有点儿小兴奋，脸上露出一丝微笑。

"对，要笑出来。从现在起，要常常对自己微笑，你会发现一切都在慢慢变好。"我鼓励她。

奇点透视

盲目的"不惜代价"，必然会付出代价

这么严重的心理问题，父母居然毫不在意！孩子多次主动要求去看心理医生，竟然被父母一句"没事，都是自己瞎想"打发了。

不知道这些父母是真觉得没事呢，还是故意这样安慰孩子。对孩子的痛苦难道真是视而不见？还是束手无策？还是像他们批评孩子了那样，认为孩子在为想回到自己的城市上学找理由？

不论怎样，在两年多的时间里，孩子多次要求去看心理医生，父母不但没带孩子去，而且没有提供任何多一点的关怀和温暖，没有采取任何减轻孩子痛苦的措施，这让人唏嘘不已。

我想到了一个词："自信！"这是父母的绝对自信，是成功父母的绝对自信！当这种自信升级为自负后，在家长和孩子之间也就成功地筑起了一堵墙，挡住了亲子间的交流！

他们夫妻俩非常重视孩子的学习，先是托关系把孩子转到他们认为好的学校，为了孩子能好好学习，又在学校附近专门买了一套房子，爸爸每天开车一个半小时回来陪着住，妈妈没有时间，但是每天都要开视频，用她的话说就是："妈妈管得很严，每天让爸爸必须开视频，向她汇报我的学习情况。"

为了孩子，他们的确付出很多，而且不惜代价、不计成本地坚持付出。

　　问题就在这里！

　　孩子不愿意转学，而父母只因为听说某所学校教学质量高，或者管理严格，或者抓成绩抓得紧，就逼着孩子转学，不但不尊重孩子的意见，更无视孩子的反抗。她哭过，也闹过，也自残过，但都无济于事。父母的决心是有多么大！下这决心到底是为了什么？表面上看是为了孩子好，为了能让孩子将来考个好大学，而事实上却是在试图复制一种自以为是的模式，丝毫不顾及孩子的主体作用。

　　转学过来以后，孩子各种不适应，和父母诉说后，不但无效，还得到父母的批评和指责。他们批评孩子事多、想得太多，要求孩子忘掉过去的小伙伴，批评孩子心思不在学习上，其理论就是"没有克服不了的困难"。

　　对孩子来说，不但问题得不到解决，父母的批评指责让孩子开始怀疑自己。随着时间的推移，孩子内心负面情绪开始指向自己，开始痛恨自己的现状、厌恶自己的无能，以至于出现自残甚至轻生的倾向。

　　即使这样，仍然没有引起父母的注意。当孩子痛苦到主动求助的时候，父母依然说"没有那么多事"。

　　当我们把这些行为摆在这里的时候，相信我们都能看出这对父母的爱是多么可笑！他们一味要求孩子要好好学习，只追求分数，将来上个好大学，为了达到这个目标而无视一切，包括孩子的痛苦。对于这种行为，他们美其名曰"为了孩子将来的幸福"，这是多么荒唐的逻辑！

　　许多家长看别人总是很清楚，然而现实中自己却在这样做着。比如有位来咨询的家长，说她的儿子去医院被诊断为抑郁症，但是她不想给他请假去治疗，因为医院太远，会耽误孩子太多学习时间！

　　这样的父母，比孩子病得更严重。

第七章

从患得患失到恍然大悟

高考结束，大学开始，从父母掌心振翅飞走的孩子们，是在继续成长，还是一下子迷失方向？蓦然回首时的恍然大悟，才能让我们看清高中拼搏时的那些巨大诱惑。

① "放松"的诱饵背后

"文武之道，一张一弛。"用拼搏登顶后便可休憩一会儿来激励孩子是完全有必要的，但这并不意味着休憩就是终点。

如果将上了大学就可以放松了，可以无休止地休憩了作为终点的话，那就是一种不负责任的诱惑。尤其是当这种诱惑成为社会层面"共识"的时候，受害的必定是孩子，而且后患无穷。

当义务教育阶段的孩子们都认为上了大学就可以放松，此刻，那"地雷"就埋下了。

故事

遭遇最惨打开方式的失恋女孩

症结找到了，是非常可贵的一步，
但"从善如登，从恶如崩"，以后的路还需一步一步地纠正着走。

她今年上大二，长得亭亭玉立，打扮得也时尚精致，看起来已经完全褪去了学生的稚嫩，就连哭泣也是半掩脸面，非常节制地用精致的纸巾轻轻点点眼角，不让眼泪流下来。

她失恋了。

失恋的打开方式有很多种，她说自己是最惨的那种，就是对方突然玩失踪——昨天还卿卿我我、海枯石烂，甚至筹划着将来的婚礼和以后的小日子，可一觉醒来就再也联系不上那个对自己百般甜蜜的他。她打了几百个电话，发了上千条信息，找遍了他的所有朋友，用尽了所有的方法，就是找不到他。但她知道，他仍然在离她不远的那所学校里。

她快要崩溃了，怎么也想不明白他为什么突然就离开了自己的世界，而且这么决绝。

她被痛苦折磨得不吃不睡不上课，整个人一天到晚蜷缩在床上，整整两个周。舍友都劝她不要再想了，过去的事就过去了，可对她来说，这怎么可能？因为她不仅失去了一个恋人，而且留下了一个撕扯着自己内心的谜团。她变得一蹶不振，更何况因为谈恋爱荒废了学业，已经有四门课程挂科了，即将面临被劝退的危险。还有她已经两个月没来月经了，不知道是情绪导致，还是最近和他一起偷尝禁果的结果，她很担心这个时候自己怀孕。

上大学两年的时间，她把人生走到了这种悬崖的边缘。

"现在，你感受最多的是什么？"我递给她一张纸巾，轻轻地问。

"非常糟糕，我一直想找到他，问问他为什么要这么做，哪怕是他告诉我一个非常苍白的、明摆着是欺骗我的理由，也比现在什么都不说也不见我好。"她擦干了眼泪，苦笑了一下。

"也就是说，你的主要精力还是在寻找他，那么你有没有想过，你是想找到他重归于好呢，还是为了要一个答案？"

"我就是为了要一个答案。重归于好已经不可能了，尽管他以前对我非常好，而且在我心里他也是唯一的，但是经过两个月的折腾，我明白了很多道理：虽然我非常希望见到他，但即使这个时候他回到我身边，我也不会再轻易接受他了。可能这段经历对我来说就是个永远的句号。但我想弄明白，因为这种不明白快要让我发疯了，我整夜整夜地睡不着觉，现在天天靠吃安眠药才能入睡，两个月瘦了10多斤。我想只要他给我一个解释，让我明白了一切就好了。"她越说语气越急切，还夹杂着些恳求，似乎我能帮她找到那个突然离开的他。

"你想要的是一个答案，而这个答案不在外面，而在你身上，不必外求。"我笑着对她说。

她一脸愕然，瞪大眼睛看着我，说："我没有听明白，找不到他，我怎么会有答案呢？"

"你是想知道他为什么这么做呢，还是想知道你怎么才能走出这种痛苦的境地呢？"我进一步问。

"说实在的，对我来说，他为什么这么做已经不重要了，重要的是我怎么才能走出这种痛苦。现在，我不仅睡不着觉，也吃不下饭，一看见饭菜就恶心，再这样下去，我觉得我快死掉了。"她苦笑着，一副很无奈的样子。

"好，那就回头面向自己，看看目前自己的困难有哪些。"

"我最担心的就是怀孕，最犯愁的是挂掉的那些课程，最无处下手处理的，是这段无头无脑的恋情。其实，这一切都是因为这段或许不该有的恋情。"她非常聪明，思路清晰，说话逻辑严密，一眼能看清问题的实质。

"你是说，这段恋情或许不该有，或者没有这段恋情的时候，一切不会是现在这样子的，对吗？"我重复她的话。

"是的，如果没有这段恋情，我的学业绝对不会到了这种接连挂科的地步。现在我都不敢和父母说挂科的事，害怕吓到他们，因为在他们心里，我一直都是非常优秀的。这两年时间，我和他到处疯玩、疯狂花钱，为了不让他在他的朋友面前丢面子，我自己买各种化妆品，买各种漂亮的衣服，把自己打扮得尽量漂亮些。父母给的生活费根本不够，现在还欠了4000多块钱的债。想起这些来，自己都不敢相信：这还是我吗？是那个学习成绩一直遥遥领先、被老师表扬、被同学羡慕的我吗？"

"你是说，上大学以前，你是非常优秀的，成绩一直遥遥领先？"

"是的，那时的我就是'别人家的孩子'，学习成绩很好，也特别用功，但那时心里就有一个想法：加油拼搏，等考上了大学就可以放松一下了，就可以玩了。"

"这个想法是从哪里来的？"我问道。

"我也不知道，就是有这么个想法。其实，为了鼓励我好好学习，父母经常这么说，老师也经常提到这个意思。反正上高三的时候，同学们都觉得上了大学就可以轻松了。"

"你说的'轻松'的意思是？"

"就是可以到处玩，不用那么拼命学习了，也可以谈恋爱了。正是因为有这样的想法，我才想在大学时期一定轰轰烈烈地谈一场恋爱，这才碰见了他，才有了这段经历。没想到，大学的日子过得一点儿也不开心，即使是和他在一起的时候，疯玩够了就是失落，从来没有感觉到上大学的自由与开心。"她又一次苦笑。

"也就是说，上了大学之后，你的定位是不用好好学习，可以放开了玩，可以轰轰烈烈地谈恋爱，因此才有今天的处境的，是这样吗？"我重复她的话。

"应该是吧。"她点点头，沉默了。

"现在，你的感觉怎么样？"我笑着问她。

"我感觉心里突然亮堂了、轻松了很多，浑身也舒服了。"她似乎一下子回过神儿来似的，有些惊疑地看着我。

"现在，你的答案找到了，不用外求了。是你在走进大学的时候，定错了位，走错了方向，所以才会得到这样的惩罚。幸好，这一切发生得早，让你迷途知返。既然是一条岔路，那里的一切本就不属于你，你也没有必要留恋。调整方向重新出发吧，找到自己该去的方向，那才是你人生精彩的地方。"

我递给她一杯水，她陷入了沉思，看得出，她脸上的表情舒展开了，过了一会儿，她突然抬头对我笑了，说："是啊，我怎么会这样定位？那根本就不是我的方向，更不是我想要的。"

对她来说，方向清楚了是非常可贵的一步，但是，"从善如登，从恶如崩"，以后的路还需一步一步地纠正着走，相信聪明的她会好起来的。

奇点透视

家长在无心中乱说，孩子在无形中受害

这是一个失恋的故事，也是一段走下坡路的大学生活。这种上了大学后开始堕落的学生有很多，估计哪所大学都有，只是程度不同而已，大多数只是消极、不思进取，没有更好地发展自己，但也有一些人从此堕落下去，浪费青春年华，自毁前程。每年都有一些大学生前来咨询。

为什么会这样呢？

从上文她的诉说中我们已经看得很明白：根本的原因，在教育观点的引导上。

上中学时，父母和老师一味地要求孩子努力学习，将考上个好大学作唯一的目标，并且不惜一切代价陪孩子备战。从他们的认识中就觉得上了大学就可以轻松了，所以，他们在鼓励孩子学习的时候，经常会流露这样的观点，孩子都会信以为真。

但是，上了大学就真的可以轻松了吗？

这个教育观点是错误的，是功利的，是急功近利的。上大学是为了得到更好的学习机会，是为了拥有更好的学习资源和学习条件，上大学是学习的一个过程，而不是结果。

当然，大学的管理制度确实比高中宽松，但对学生的自我管理提出了更高的要求。大学靠的就是自我管理，学生不仅要自主学习，更要在这里培养和提高终身学习的能力。如果想要玩，有的是时间，再也不会像中学时代有人催着、逼着去学习。但社会的发展日新月异，如果不学习，分分钟会被时代所淘汰，更不用说会有"铁饭碗"。"上了大学就可以放松了，就可以玩了"，这一荒唐的论调不知道害了多少好不容易熬过高考的孩子。

对家长来说，这种教育观点可能好使，可以作为诱饵，时不时地拿来在苦战高考的孩子面前晃一晃，以激起其暂时的斗志。高中生，尤其高三的孩子正在辛苦拼搏，对于"轻松"有着无比的渴望，作为条件，"上大学就可以轻松了"是一个非常好的诱惑。但家长们却忽视了，这样做本身就是在饮鸩止渴，而且后患无穷。错误的引导意味着会带来错误定位和错误方向，会让孩子将大学生活过得一塌糊涂，白白浪费青春。

下面这两个孩子的不同人生便是典型的例子。

两个孩子上了同一所名牌大学，一个是当年被保送的，一个是自己考取的。两个都是男孩，个子都在 1.8 米以上，长得很帅气，同样很优秀，不分伯仲。两个人同时考上这所名牌大学，一时间被传为佳话，被大半个小城当作夸耀和羡慕的对象，更是他们家长的骄傲！两个家庭也因此关系变得更紧密。

升学答谢宴是同时举办的。宴会上，两个孩子彬彬有礼，被称作"绝代双骄"，赞叹声不绝于耳，真是让同龄孩子的父母两眼盯着他们，脑海里全是"别人家的孩子"。

四年后，其中一个孩子因为一如既往地勤奋苦读，在数学方面获得国际大奖，同时拿到五个 offer（录取通知书），最终选择了去美国继续深造。这似乎是不负众望，也是众望所归，是当年他们表现出来的优秀应该指向的目标。

但另一个孩子却让父母操碎了心。一上大学就开始放松了，因为贪玩，大一学期末就挂科，并且两个学期连续挂科。大二时沉迷网游，经常逃学，曾被学校劝退。好歹熬到大学毕业，父母还去替他还了近五万元的贷款。

这个孩子回到家以后，朋友带着他来找我。孩子当年的风采尽失，整个人像是好久没见到阳光的白菜叶子。那天，咨询室里落满了他的悔恨，他说得最多的一句话是："都说上了大学就可以尽情地玩了，纯粹是骗人的，纯粹是骗人的！"

他被这种教育观点深深地伤害了。其实，那个和他一起上大学的孩子已经证明了这个道理：优秀不是永久保鲜的，它需要不断地吸收营养。

"上了大学就可以玩了"，这句看似鼓励的话，大人说出来可以不用考虑承担太多的责任，可在幼小的心灵里种下的却是一粒诱惑的种子，蕴含着不可估量的、足以扭曲一个生命的力量。

"如果让我再上一次大学，我绝对会比上高中时还要努力。"这是他发自肺腑的呐喊，但为时已晚，好在他已经幡然醒悟，尚可弥补。正所谓"失之东隅，收之桑榆"，相信一时被错误言论引入迷途的他会重新绽放光彩。

悔恨不仅敲打着他的内心，也该震撼到当年强化这个观点的人的心灵。

② 破局"被动成长"

"被动成长"几乎是每个人都要经历的的阶段，区别就在于经历时间的长短。

能不能走出被动成长模式，关键看一个人什么时候洞察到自己的被动局面，然后才能破局。

有的人可能一辈子也不知道自己一直行走在别人设定的模式中。

生命如舟，你是乘客，还是舵手？久为乘客的人，如果生命之舟的舵突然交到自己手里，他必然会慌乱，不知所措。

故事

迷茫——这不是我想要的
大学生活的样子

生命之舟，你是乘客，还是舵手？

我刚要吃晚饭，他就打来了电话，我看了一下表，每次电话基本都是这个时间——周六下午六点左右，这应该是他刚刚吃过晚饭的点，也就是说，每到周六大学生休息的时候，他一吃过晚饭就会给我打电话。

他今年刚刚上大学，从九月份开学到现在快三个月了，他还是非常不适应，状态似乎比高考前差了不少。

第一次见他是在高考前一个月，他经常考试时紧张、手部肌肉痉挛握不住笔、考前睡不着觉，他的妈妈带他来找我做咨询。

那次见面时，他又高又瘦，说话声音很洪亮，但又不太敢大声，整个人似乎是被惊吓到的老鼠。我们聊了大约一个半小时，我非常清楚地记得，他走的时候紧紧攥着拳头、两眼放光，说："高考，我不怕你了，你快点来吧！"

从那以后到高考前，我们又有两次谈话，每次谈完他都会充满力量，恨不得马上参加高考，而且志在必得。那时感觉他是一个非常有活力的小伙子。

因为高考临近，我们的谈话也非常有针对性和局限性，没有涉及很多高考以外的话题。我大致知道他的问题的根源，在于妈妈管教得太严格，教养方式属于严格控制型，他从小几乎没有一点儿自主权。

一个多月后的 6 月 24 日，高考出成绩的日子，他非常高兴地打来电话，说自己超出本科线 50 分，而且特别兴奋。我也着实替他高兴，因为这对他来说，考上大学不仅意味着能上大学，更是他生命状态的一个变化，也是对他自信心的提振。

高考前一个多月的时间里，他的变化实在太大了，连周围亲戚朋友都问：这个孩子怎么突然变得这么阳光了？但我知道，他仍然需要较长时间的引导才能确立自信、才能找到自我，所以，在他上大学的时候，我建议他要去跟学校的心理老师多交流，遇到问题及时去咨询。

但是大学开学后，我第一次接到他的电话就感觉就不太对劲儿。我问他在大学里过得还好吧？他答应着，但声音很低，似乎很小心。我眼前一下又出现第一次见到他的画面：一只受了惊吓的老鼠。

第二次接到他的电话是在他开学一个月后，他没说几句话就哭了，大概意思是他很迷茫，因为大学生活不是他想要的样子，甚至说到他在那里待不住了，想回家。因为我当时在开车，也就大致安慰了一下，匆匆挂了电话。

后来，他又给我打过几次电话，我都建议他去学校咨询室找心理老师聊聊，之后很长一段时间没再接到他的电话。

今天，他的这个电话，是喜还是忧呢？

"老师，你还好吗？"他总是礼貌地先问我的情况。

"还好，你还好吧？"我问。

"不好。"这次他没有回避，也没有遮掩，直接说"不好"。

他开始了诉说："我感觉很迷茫，每天不知道该干些什么。学习没有人管，老师讲完课就走了，其他的时间都是自己安排；一天就那么几节课，有时候只有一节课，也没有作业，全天的时间都是自己说了算。我真不知道自己该干什么了，时间多得让我心里发慌。同学间也很陌生，都是各干各的事情。我没有朋友，五个舍友也不和我玩。重要的是，他们想做的事情我不想做，比如出去吃饭、喝酒、通宵玩游戏，我觉得那是很堕落的事情。来了快三个月了，我感觉自己快受不了了，我不知道要怎么去生活，再这样下去，我就要疯了。这不是我想要的大学的样子。"

"你现在的苦恼是没有人管学习，不知道怎么自学，和同学玩不到一起，也没有朋友？"我问。

"是的，没想到大学是这样的。开设的那些课程我也不喜欢，也听不懂。舍友整天抱着电脑打游戏，或者出去吃吃喝喝，要不就是聊女同学。我觉得自己和他们没有共同话题，也不知道该怎么和他们相处。他们看我像怪物，做什么事也不叫着我。这分明是他们不对，但是他们却都一样，我又觉得是不是我不对？我百思不得其解。我上大学到底要干什么？"他很苦恼地说。

"没有想明白自己到底要做什么、要成为什么样的人，是吗？"

"是的，也可以说从来就没有想过。上高中的时候，我就是在老师和父母的逼迫下学习，只要会学习就行，一切都不用操心，学习的事也不用自己考虑，老师让学什么就学什么，单是老师安排的就学不完。现在没有老师管，自己又不知道学什么，更不知道要学到什么程度，越想心里越慌。这还不是最重要的，最重要的是，我觉得人和人之间的关系很难相处，我不知道怎么和他们交流，因为没有共同的话题啊。"

我直接说："这样吧，先从学业成绩入手。你先设想一下，从现在到大学毕业，你要达到一个什么水平？是满足于及格呢，还是成为优秀毕业生？然后一步步制订分目标。"

他很高兴地答应了，接着又问："关于同学们，我是和他们玩呢，还是不理他们？"

我继续说："第二件事就是，学着和他们相处。上大学不仅仅是学习知识，发展良好的人际关系也是一门必修的课程，把和他们做朋友当作一门课程去学习和研究，这对你来说可能很难。所以，我建议你拿出你高考前的状态，去应对每一天的生活。试试看。"

奇点透视

"回过味儿来"之后的迷茫与彷徨

这是一个典型的没有目标方向、被动成长的孩子。

这种被动成长模式可以维持到高中毕业，因为有老师和父母在身边，也有高中"填鸭式"的教学模式，这些孩子完全可以不动脑子，被老师、父母安排着长大。

也就是说，他们是生长在老师、父母制定的模具里，出来就是用分数标识的标准件，就像苹果被套上套子，等成熟了，只需量一下尺寸，便会被分装到不同的容器里。这些孩子从小学到高中，在学校和父母设定的套子里"舒服"地长大，然后用高考分数作为标准，实现第一次分装，要么流向社会，要么送往不同的大学。

孩子被送往大学，学校和家长就"算是"胜利了，但他们却很少会关注到孩子在大学里的发展和生活，更不会想到被他们合伙送到大学里的孩子是什么状态。

正如这个孩子，既没有发展目标，又不会和同学相处，只会学习，而且是只会被人催着被动地学习。但是，大学里的学习，再也没有人去催促，因此他就像失去了罗盘的航船，没有了方向和目标。其实，在高中以前，他的生命之舟一直被父母和老师操控着，他只是个乘客，一个什么也不用操心的乘客。

当生命之舟突然交到他手里，他必然慌乱、惶恐，不知所措。

很多大学生在这种突然的变化中，长时间地找不到自己，从而这样放弃自己。这是他们的错吗？正像他曾经痛恨地说："高中的自己，就是个傻子，只知道学习，像个学习的机器。"这样的话，我们经常会听到。

他们是否会变化，那是他们以后的事。那么之前呢？之前是谁让他们变成现在的样子的？是家长？是老师？是学校？这才是值得我们思考的问题。

学习本该是孩子自己的事情，教育者的最高智慧在于激发他们的内在动力，使其主动学习和成长，而不是将他们装在模具里。

③ 惰性化智力与惰性化人生

　　智力的欺骗性不仅在于它经常和情商不同步，有的会使人走向"高智商、低情商"，更在于社会对智力定义的傲慢与偏见，以及智力与分数的"捆绑式"评定模式！

　　智力不应仅仅涉及学业，更应指向在真实世界的成功。只能对学生在学业上的成绩和分数作出部分预测的智力，被称作"惰性化智力"。

厌倦者

为什么本该生龙活虎的孩子们，却整天泡在宿舍里像病猫？
是什么让他们本该燃烧的生命呈现出奄奄一息的状态？

　　他是被父母逼着来找我的，看上去很憔悴、很疲惫、很无力。

　　"我实在是厌倦至极了。"他懒散地坐到沙发上，双手交叉低着头，看架势不准备再说第二句话。

　　我没有接着说话，沉默了一会儿，直接问："你厌倦什么？"

　　"什么都厌倦。一切。"还好，他没有不说话。

　　"你是说，你现在拥有很多东西也让你厌倦了？"我问。

　　"没有。现在我什么都没有了，我已经厌倦了，我累了，很累。

一切都无所谓了。"

良久的沉默后，他抬头看了看我，我只是微笑，说道："从你的话里听听出来，你以前好像拥有很多东西。"

"那都是假的，都不是我需要的。"他有点儿愤怒。

"是那些假的东西让你愤怒，是这样吗？"

"是，那些根本不是我想要的。"他的脸色涨得通红，抬头看着天花板。

"你不想要的那些东西是什么呢？"我紧跟着问。

"比如高考，比如上大学……这都不是我想要的，我到现在才明白。"

"你是怎么想明白的？"

"我已经大学毕业了，可我现在什么都不是：考研失败，'二战'又失败，考公务员名落孙山，事业编也没考上……我什么都不是，我是啥呀？别人都耻笑我'985 大学毕业的还找不到工作'。我厌倦了，也觉得以前的那些辉煌都是浮云。"他一口气说完这些，虽然带着愤怒，但却有了强烈的表达欲望。

我看着他笑了笑，说："不知道高考和大学是怎么伤害到你的？"

他叹了口气，开始娓娓道来："上高中的时候，家长、老师都说要好好学习，所有人都紧紧盯着分数，似乎只要有了分数，一切就都是好的。学习也很简单，就是老师让我学啥就学啥，我只要跟着老师的要求走就行，从来不用自己思考。现在看来，我真是傻，不就是那么几本破书嘛，如果高一开学就有人给我说"你的任务就是学好这几本书"，那还不简单吗？还用整天埋头做那些永远做不完的不断重复的题吗？搞得自己像个傻子。"

"其实，就是那时候把自己搞傻的，只会被动地给老师和家长学习，从来没有主动为自己学过什么。自己只知道学习、学习，一直学成了傻子。"他很沉重地叹了口气，低下头不说话了。

"可是你现在不是已经大学毕业了吗？"我很好奇地问。

"我突然想到大学这几年，简直不知道自己怎么过来的。"他抬起头，又盯着天花板，似乎没有正视我的问题。

"刚上大学的时候，我就像个傻子，大一的时候还拿着书去自修室学习，舍友都取笑我，说'大学不是高中，不用天天趴在书上学习'。我突然想起来，高中的时候，老师和父母也是这么说的，说'上了大学就轻松了'，于是，我也跟他们一起疯狂地打游戏，早上不起床，起来后不吃早餐跑去上课，后来也经常逃学，周末出去吃吃喝喝，或者整天在宿舍里抱着电脑打游戏。大一下学期挂了两科，当时我很难受，可是舍友说'上大学怎么也得有挂科的体验吧'我的心就平静了很多。后来几乎每个学期都有挂科，成绩差得一塌糊涂。到毕业的时候，有的同学被保送研究生，有的在备战考研。我一看自己混了四年，到最后什么也没有，于是着急了，就准备考研。但长时间的懒散让我再也无法静心去学习，最终，第一年考研失败。父母让我考公务员，可我不喜欢，于是选择"二战"考研，结果又失败了，仅差5分。父母又逼着我考公务员，没办法，我只好去考了，但没考上，接着又被逼着考事业编。我感觉他们对我的要求在不断降低，可最后连事业编也没考上。到现在，我什么也不是了。"

他冷冷地苦笑了几声。

"我没脸见人了，就躲在家里打游戏。一段时间后，父母不能忍受我了，逼迫我找对象，又要逼迫我出去学习，准备再次考研，我不同意，他们就说我心理上出了问题，这不，非要我来做咨询。"

说到这里，他看着我，我看着他，我俩都笑了。

他仿佛打开了话匣子，开始滔滔不绝："家长总是有理！上高中和大学的时候，他们天天催着学习，不让和女孩子交往，唯恐谈恋爱，像看贼一样天天盯着。大学刚毕业，他们就问有女朋友了吗？不断催着，像逼婚似的，弄得我就像个傻子，什么事也得按照他们说的去做。如果当初不是他们逼着学习，上大学时我就不会直接放弃学习了，因为自己不会学习啊！没人管着我，就立刻不会学习了。这几年懒散惯了，紧张不起来了，到现在一切都晚了，也都完了，我也受够了，觉得活着一点意思没有，也不知道自己为什么要活着。"

下课的铃声突然传来，他站起来走到窗户边，远远望向教室，冷冷地笑了几声。

"高中生其实就是学习机器，很容易变成傻子。"他是自言自语地说了一句。

他说没有问题了，或者说他自己很清楚他的问题了，今天还是迫于父母的压力来到这里。

接下来，我们的谈话很轻松，他也下决心要去改变自己。相信他会做得很好，因为他已意识到了。

奇点透视

补上缺位，走向圆融

但是，还有多少像他一样的经历却不能觉醒的孩子呢？

正像他自己说的，高中的时候，为了追求升学率、追求分数，孩子们都成了学习的机器，所有人都没有提供给他们该具备的学习能力。他们可能有很高的分数，但缺少很强的学习能力。

心理学家斯腾伯格强调"智力不应仅仅涉及学业，更应指向真实世界的成功"。他认为，只能对学生在学业上的成绩和分数作出部分预测的智力，称作"惰性化智力"，它与现实生活中的成败较少发生联系，而成功智力是一种用以达到人生中主要目标的智力，是对现实生活中真正能起到举足轻重影响的智力。在现实生活中，真正起作用的，不是凝固不变的智力，而是可以不断修正和发展的成功智力。

被逼迫学习的高中生，即使成绩很好，但有时表现出来的不过就是惰性化智力，当真正需要解决问题时候，成功智力便缺席了。

他经历了这个过程，被逼着拿出了学习的高分数，考上了好大学，后来因为自制力和自我管理能力，甚至是自主学习能力的缺失，在大学里虚度光阴，不但没有学业成绩，还养成懒散的毛病。这种无目标的状态直接导致其产生"人生无意义感"。心理学界一直流传着一个测验结果：某顶尖大学的大学生空心病发病率超过 30%！"空心病"就是觉得生命极度无意义感，对生活感到十分迷茫。这是多么让人可怕的数字，得病人数之多让人可怕，得病原因没有引起人们的足够重视更让人可怕。

为什么本该生龙活虎的孩子们上了大学后，却整天泡在宿舍里像病猫？是什么让他们本该燃烧的生命呈现出奄奄一息的状态？

每年都有大批的高中生变成大学生，那些靠拼命考出高分的孩子，高中学校老师喜欢，父母也喜欢，但他们以后会成为什么样的大学生，有人想过吗？

衡量标准唯有分数，却不知道对综合能力的培养，尤其对学习能力的培养，即使孩子上了大学，也很可能就是他现在的样子，而这种样子一旦成型就很难改变。

惰性化智力，约等于惰性化人生。